京华通览

西山永定河文化带

主编 / 段柄仁

碧云寺

朱如意 / 编著

北京出版集团公司
北京出版社

图书在版编目（CIP）数据

碧云寺 / 朱如意编著. — 北京：北京出版社，2018.12
（京华通览 / 段柄仁主编）
ISBN 978-7-200-13427-8

Ⅰ.①碧… Ⅱ.①朱… Ⅲ.①佛教—寺庙—介绍—海淀区 Ⅳ.①K928.75

中国版本图书馆CIP数据核字（2017）第266394号

出 版 人	曲　仲
策　　划	安东　于虹
项目统筹	董拯民　孙　菁
责任编辑	白　珍
封面设计	田　晗
版式设计	云伊若水
责任印制	燕雨萌

"京华通览"丛书在出版过程中，使用了部分出版物及网站的图片资料，在此谨向有关资料的提供者致以衷心的感谢。因部分图片的作者难以联系，敬请本丛书所用图片的版权所有者与北京出版集团公司联系。

京华通览
碧云寺
BIYUN SI

朱如意　编著

*

北京出版集团公司
北京出版社　出版

（北京北三环中路6号）
邮政编码：100120

网　址：www.bph.com.cn
北京出版集团公司总发行
新　华　书　店　经　销
天津画中画印刷有限公司印刷

*

880毫米×1230毫米　32开本　6.25印张　130千字
2018年12月第1版　2024年3月第4次印刷
ISBN 978-7-200-13427-8
定价：45.00元

如有印装质量问题，由本社负责调换
质量监督电话：010-58572393

《京华通览》编纂委员会

主　任　段柄仁
副主任　陈　玲　曲　仲
成　员　(按姓氏笔画排序)
　　　　于　虹　王来水　安　东　运子微
　　　　杨良志　张恒彬　周　浩　侯宏兴
主　编　段柄仁
副主编　谭烈飞

《京华通览》编辑部

主　任　安　东
副主任　于　虹　董拯民
成　员　(按姓氏笔画排序)
　　　　王　岩　白　珍　孙　菁　李更鑫
　　　　潘惠楼

序

PREFACE

擦亮北京"金名片"

段柄仁

北京是中华民族的一张"金名片"。"金"在何处？可以用四句话描述：历史悠久、山河壮美、文化璀璨、地位独特。

展开一点说，这个区域在70万年前就有远古人类生存聚集，是一处人类发祥之地。据考古发掘，在房山区周口店一带，出土远古居民的头盖骨，被定名为"北京人"。这个区域也是人类都市文明发育较早，影响广泛深远之地。据历史记载，早在3000年前，就形成了燕、蓟两个方国之都，之后又多次作为诸侯国都、割据势力之都；元代作为全国政治中心，修筑了雄伟壮丽、举世瞩目的元大都；明代以此为基础进行了改造重建，形成了今天北京城的大格局；清代仍以此为首都。北京作为大都会，其文明引领全国，影响世界，被国外专家称为"世界奇观""在地球表面上，人类最伟大的个体工程"。

北京人文的久远历史，生生不息的发展，与其山河壮美、宜生宜长的自然环境紧密相连。她坐落在华北大平原北缘，"左环沧海，右拥太行，南襟河济，北枕居庸""龙蟠虎踞，形势雄伟，南控江淮，北连朔漠"。是我国三大地理单元——华北大平原、东北大平原、内蒙古高原的交会之处，是南北通衢的纽带，东西连接的龙头，东北亚环渤海地区的中心。这块得天独厚的地域，不仅极具区位优势，而且环境宜人，气候温和，四季分明。在高山峻岭之下，有广阔的丘陵、缓坡和平川沃土，永定河、潮白河、拒马河、温榆河和蓟运河五大水系纵横交错，如血脉遍布大地，使其顺理成章地成为人类祖居、中华帝都、中华人民共和国首都。

这块风水宝地和久远的人文历史，催生并积聚了令人垂羡的灿烂文化。文物古迹星罗棋布，不少是人类文明的顶尖之作，已有1000余项被确定为文物保护单位。周口店遗址、明清皇宫、八达岭长城、天坛、颐和园、明清帝王陵和大运河被列入世界文化遗产名录，60余项被列为全国重点文物保护单位，220余项被列为市级文物保护单位，40片历史文化街区，加上环绕城市核心区的大运河文化带、长城文化带、西山永定河文化带和诸多的历史建筑、名镇名村、非物质文化遗产，以及数万种留存至今的历史典籍、志鉴档册、文物文化资料，《红楼梦》、"京剧"等文学艺术明珠，早已成为传承历史文明、启迪人们智慧、滋养人们心灵的瑰宝。

中华人民共和国成立后,北京发生了深刻的变化。作为国家首都的独特地位,使这座古老的城市,成为全国现代化建设的领头雁。新的《北京城市总体规划(2016年—2035年)》的制定和中共中央、国务院的批复,确定了北京是全国政治中心、文化中心、国际交往中心、科技创新中心的性质和建设国际一流的和谐宜居之都的目标,大大增加了这张"金名片"的含金量。

伴随国际局势的深刻变化,世界经济重心已逐步向亚太地区转移,而亚太地区发展最快的是东北亚的环渤海地区、这块地区的京津冀地区,而北京正是这个地区的核心,建设以北京为核心的世界级城市群,已被列入实现"两个一百年"奋斗目标、中国梦的国家战略。这就又把北京推向了中国特色社会主义新时代谱写现代化新征程壮丽篇章的引领示范地位,也预示了这块热土必将更加辉煌的前景。

北京这张"金名片",如何精心保护,细心擦拭,全面展示其风貌,尽力挖掘其能量,使之永续发展,永放光彩并更加明亮?这是摆在北京人面前的一项历史性使命,一项应自觉承担且不可替代的职责,需要做整体性、多方面的努力。但保护、擦拭、展示、挖掘的前提是对它的全面认识,只有认识,才会珍惜,才能热爱,才可能尽心尽力、尽职尽责,创造性完成这项释能放光的事业。而解决认识问题,必须做大量的基础文化建设和知识普及工作。近些年北京市有关部门在这方面做了大量工作,先后出版了《北京通史》(10卷本)、《北京百科全书》(20卷本),各类志书近900种,以及多种年鉴、专著和资料汇编,等等,为擦亮北京这张"金名片"做了可贵的基础性贡献。但是这些著述,大多是服务于专业单位、党政领导部门和教学科研人员。如何使其承载的知识进一步普及化、大众化，出版面向更大范围的群众的读物，是当前急需弥补的弱项。为此我们启动了"京华通览"系列丛书的编写，采取简约、通俗、方便阅读的方法，从有关北京历史文化的大量书籍资料中，特别是卷帙浩繁的地方志书中，精选当前广大群众需要的知识，尽可能满足北京人以及关注北京的国内外朋友进一步了解北京的历史与现状、性质与功能、特点与亮点的需求，以达到"知北京、爱北京，合力共建美好北京"的目的。

这套丛书的内容紧紧围绕北京是全国的政治、文化、国际交往和科技创新四个中心，涵盖北京的自然环境、经济、政治、文化、社会等各方面的知识，但重点是北京的深厚灿烂的文化。突出安排了"历史文化名城""西山永定河文化带""大运河文化带""长城文化带"四个系列内容。资料大部分是取自新编北京志并进行压缩、修订、补充、改编。也有从已出版的北京历史文化读物中优选改编和针对一些重要内容弥补缺失而专门组织的创作。作品的作者大多是在北京志书编纂中捉刀实干的骨干人物和在北京史志领域著述颇丰的知名专家。尹钧科、谭烈飞、吴文涛、张宝章、郗志群、姚安、马建农、王之鸿等，都有作品奉献。从这个意义上说，这套丛书中，不少作品也可称"大家小书"。

总之，擦亮北京"金名片"，就是使蕴藏于文明古都丰富多彩的优秀历史文化活起来，使充满时代精神和首都特色的社会主义创新文化强起来，进一步展现其真善美，释放其精气神，提高其含金量。

2017 年 11 月

目录
CONTENTS

概　述 / 1

佛教建筑

山门殿 / 18

天王殿 / 22

大雄宝殿 / 27

菩萨殿 / 33

方丈院 / 43

金刚宝座塔 / 45

禅　堂 / 55

罗汉堂 / 57

楼　幢 / 64

放生池 / 68

行宫御苑	涵碧斋 / 73
	含青斋 / 77
	水泉院 / 82
纪念圣地	孙中山纪念堂 / 103
	孙中山先生衣冠冢 / 106
	大型维修与展览调整 / 108
文化逸闻	设立碧云寺维持会 / 112
	成立西山天然疗养院 / 113
	筹建北京中法大学 / 115
	黑玉佛移交北海公园委员会 / 122
	碧云寺大法器击打曲目在天津传承 / 123
园林植物	古树名木 / 126
	主要植物 / 131
诗文鉴赏	诗文辑录 / 142
	匾额楹联 / 185

后　记 / 189

概　述

　　碧云寺是北京留存下来的众多古寺中保存比较好的，因地处西山而成为西山文化带的组成部分。

　　寺院坐落在距北京城 20 公里的香山北侧聚宝山上，占地 4 万余平方米（约 61 亩）。明清时期属顺天府管辖下的宛平县，中华民国初年属于京北地方宛平县，1928 年改属北平特别市（今北京市）管辖，1949 年至今属北京市海淀区管辖。

　　碧云寺坐西朝东，依山临壑，景致极佳。明人陶允嘉用"金风猎猎吹远松，青霞朵朵生残峰。西山一径三百寺，唯有碧云称纤秾。山僧不放山泉出，缭绕阶前声瑟瑟。绿玉之华白玉桥，世界微明水天拂。我从山水佳处来，得倚不觉久徘徊。胜气缤纷眼前起，教人空忆越王台"的诗句描述碧云寺的风貌。明人蒋一葵在《长安客话》中曰："香山碧云寺皆居山层，擅泉之胜……为碧云寺，壮丽虽逊万寿，而金碧鲜妍，宛一天界。大抵西山兰若，碧云、香山相伯仲。碧云鲜，香山古，碧云精洁，香山魁恢。"

碧云寺的周围有多处名胜古迹，其南仅一条小路之隔便是香山（静宜园），再南则有团城演武厅（实胜寺旧址）、松堂（梵香寺旧址）、旭华之阁（宝相寺旧基），西北则有香山玉皇顶、五华寺（遗址），东北有卧佛寺、樱桃沟，正东是玉泉山（静明园）；还有群峰蜿蜒，寿安山、聚宝山、香山、翠微山、卢师山一脉相连，形成遮挡西部风沙的一道天然屏障，因而碧云寺才有"寺枕中冈，独收其胜"之势，远远望去则有"万峰围殿阁，碧色净如云"之感。明人张瀚在《松窗梦语》中用"层峦叠嶂，龙飞凤舞，长溪曲折，自西旋绕而来，溪上锁以白石桥，过桥为碧云寺"的句子说明寺外环境。明人沈榜则在《宛署杂记》中以"寺后山势，旋舞外张，两翼如抱……基之两旁，皆深谷数仞。后山嵯峨，松柏插天。登之则平原一望，举目可见"的句子说明寺后山势。

碧云寺的地下蕴藏着丰富的煤层和水系。据香山地区地质水纹分析：碧云寺以西，分布着侏罗系砂岩、页岩夹煤层，岩层裂隙水埋深在20米左右，自西向东。所以碧云寺有"寺内胜景名泉，寺外长溪曲折"的环境。

碧云寺独特的地理位置形成了春迟、夏短、秋早、冬长的季节规律，而独有的山林环境也孕育了珍禽异草等庞大的生物群。此外，碧云寺周围的山上还有酸枣仁、五味子、马兰花、柴胡、苦参、枸杞、益母草、葛根、桔梗、何首乌等药物资源。

相传800余年前这里是金章宗玩景楼所在地，年久废坠。元文宗至顺二年（1331），开国元勋耶律楚材的后裔耶律阿勒弥（阿

碧云寺及后山全景

勒弥,满洲语,旧作阿里吉,今译改"舍宅开山,净业始构"),当时称作碧云庵,是一座供佛小舍,尽管规模不大,但却有环峰叠翠、碧云香霭、曲径通幽、危桥跨涧、池泉印月、洞府藏春、修竹欺霜、乔松傲雪、奇桧连阶、楼台潇洒等著名的碧云寺十景。

明正德九年(1514),御马监太监于经深得皇帝宠信,"为窀穸计,将以大作功德",用贪污的赃款拓修碧云庵,并改名碧云寺,建冢于寺后,当时人称碧云寺为于公寺。《国朝丛记》曰:"京西香山碧云寺,瑰壮靡丽,正德中于经大珰所造。经始为御马监太监,以便给得幸上,请赠父泰为锦衣卫都指挥使;母王氏夫人,赠祠额护敕。复导上通州张家湾等榷商贾舟车之税,极为苛悉。岁入银八万之外,即以自饱,斥其余羡为寺于香山,而立冢域于后,

碧云寺环峰叠翠

所费金以万万计,上亦亲幸焉,故为赐额及敕,而经后随上南幸,其宠亚于诸贵。"

  太监于经所在的御马监,是当时十二监(内廷侍奉皇帝及其家族的机构)之一。《明史窃》记载"正德时,阉势甚张",出现了于经等许多祸国殃民的宦官。正德皇帝武宗朱厚照,不入大内,住在豹房 [在西华门内,明正德三年(1508)建,里面筑有宫殿、密室等],朝夕召教坊乐工入豹房,嬉戏作乐,于经因经常"出入豹房,侍帝蹴鞠",得到武宗宠幸,便进一步"诱上以财利,创开各处皇店,榷敛商货"。《明大政纂要》记载:"于经首开皇店于九门关外张家湾、宣大等处,税商榷利,怨声载道。"武宗虽"日事般游,不恤国事",但却极"好佛法","佛经梵语无不通晓,宠臣诱以事佛，故……皆得幸进"。正因皇帝如此，所以于经敢明目张胆地用赃款修寺建生圹。《弇山堂别集》记载："于经……创寺置庄，动数十万，暴殄奢侈，乃前所未有者。"正德十五年（1520），于经因触犯了生病的武宗而失宠，被"尽革其官与所赐蟒玉。使辫发从小珰，受翰林师教诲"。于经"自是疏斥，不复得见上矣"。正德十六年（1521）三月，武宗死于豹房，世宗朱厚熜继位。四月，福建道监察御史劾奏诸作恶宦官"御马监张忠，于经……或争功启衅，排陷忠良，或首开皇店，结怨黎庶，此辈亦宜亟赐并处"。世宗下旨，将于经等宦官从宽处治，各发孝陵卫充军。事隔不久，云南道监察御史上奏，要求诛戮那些"党恶为奸的宦官以谢天下"，世宗便下旨将于经等29名宦官"挚送都察院鞫治"并"籍没其资产"。于经下狱不久卒于狱中，其生前在碧云寺为自己准备的坟墓也未及享用。

经于经拓修之后的碧云寺"瑰壮靡丽、廓然焕然"，成为"甲于天下"的寺院。明万历时朱长春《西山游记》中记述："碧云寺金银宫阙，如王者居。朱铺文阤，门堂七重，重累数十阶以高，其除广夷。"朱孟震在《游西山诸刹记》中描述了寺院景致："环山内外皆流水，会于前池……循廊至方丈，由方丈而东，叩石龙口，泉所从出也……环丘亭而下，别为一池……房廊殿阁，靡所不至……池之上有竹半亩，青翠可掬，池右为山，壁立数仞，砌以文石，最上植古松数十株……循池而出道右，幽洞敞明，贮花树其中……出洞下数级，又折而西，上于公墓，墓前奇石数十，列左右，嵌空峭削，若翔若踞，非数十百人不能致……"

菩萨殿内大木上留有"天启三年"字样

继于经之后，择此寺为葬地的宦官甚多，《竹垞文类》记载"其北内官坟墓数十"，因此寺院有"国朝中贵屡修之"的情况发生。

明熹宗天启三年（1623），大宦官魏忠贤修饰碧云寺，占于经旧墓道，在"山门前置一对雕琢精致的汉白玉石狮，坟前排列两排石兽和文武翁仲，悉仿明皇陵，规模宏大"。《颂天胪笔》中记载了屯田郎中万燝督陵工上疏，"臣于三月诣陵开工，转过香山碧云寺，璇题耀目，珠网悬星，金碧辉煌，丹垩焰耀。见魏忠贤营坟墓碑石峥嵘，隧道深闷，翁仲簪朝冠而环列，羊虎接驼马以森罗制作规模仿佛陵寝，且前列祠宇又建佛堂，曾不念先帝之陵寝未完，内廷外廷之人只知有忠贤，不知有皇上，先朝王振，刘谨之祸可言哉"。《香祖笔记》还记载："墓上二穹碑屹立，合书钦差总督东厂官旗办事掌惜薪司内府供用库尚膳监印务司礼监

明代魏忠贤在碧云寺生圹前陈列的文武翁仲

秉笔总督南海子提督保和等殿完吾魏公忠贤之墓。"墓地安置石翁仲,石兽和双碑是王侯所能享用的特权,魏忠贤却能以一个宦官的身份享用,不难看出魏忠贤势力之大。

魏忠贤(1568—1627)是河间府肃宁(今河北省肃宁县)人,"少无赖,自宫后改名李进忠,万历时入宫。"万历十七年(1589),到内廷隶属司礼监掌东厂太监孙暹手下当差,为了接近未来的皇帝(当时的皇长孙朱由校),寻机拍大太监魏朝的马屁,由魏朝将其推荐到朱由校的母亲王才人宫中担任管理伙食的典膳太监。魏忠贤为人谄媚狡黠,博得了朱由校的欢心,成为其亲信太监。

泰昌元年(1620)光宗死,熹宗朱由校继位,号天启。元年(1621),魏忠贤自掌东厂(明官署,从事刺探告密活动机构),不久被提升为司礼监秉笔太监(太监十二监之首,专管机密,批阅奏章，实权在首辅之上，有"影子内阁"之称），魏忠贤不识字，照例不能担任此职务，但由于他与"奉圣夫人"客氏（熹宗的奶妈，1581—1628，定兴人）相好，客氏从中做内应，权势炙手可热。熹宗明知而从之。

熹宗性如顽童，"好走马，好小戏，好盖房屋，自操斧锯凿削，巧匠不能及，又好油漆匠……朝夕营建……不灰倦也"。身为一国之君，对国策毫无兴趣，导致朝廷中大多数人只知道"饱食终日，园亭之事，狎优纵搏，广蓄声伎"的局面。魏忠贤和客氏取悦于熹宗，权威日重，有的人尊称其为九千岁，更有一批趋炎附势之辈在魏忠贤门下，自愿为干儿、义孙，结党营私，陷害异己（人称"阉党"）。他利用当时的权势仿明皇陵规模为自己修生圹，如同"王侯寝宫"一般，在封建社会是十恶不赦的僭越之罪。他除在西山碧云寺建生圹外，自其掌权至天启五年（1625），所建生祠在全国已有16处之多。《帝京景物略》记载了魏忠贤扩修碧云寺后的景象："东西佛土，有满月莲华境界，备诸庄严，比丘僧尼，优婆男女，发愿愿生，而碧云寺僧，不事往生也，住是界中矣。"

天启七年（1627）八月熹宗死，思宗朱由检继位。崇祯素知魏忠贤作恶多端，《明实录》载崇祯曾说魏忠贤"蠹盗内帑……将我祖宗积蓄库贮传国异珍异宝金银等明比盗窃几空"，当年十一月将魏忠贤罢黜至凤阳，在河间阜城途中自尽。后戮尸河间，以谢天下。其所营生圹未及享用。崇祯十七年（1644）五月，清兵攻进北京，魏忠贤名下苏应宣、葛九思从清兵入燕，不忘旧宠，偷偷跑到碧云寺，把魏忠贤衣帽葬入坟墓，立虚冢，但"祠而未额，树碑二,无字"。魏忠贤在碧云寺为自己修建生圹,被后人唾骂"为名山作祟",他修饰寺庙是"假佛以托不朽"。

碧云寺在明代两大宦官的扩建修葺下,成为西山佛寺中最宏丽、盖西山第一景的寺院,其生圹又被寺僧"拱护甚力"而保存完好。

清康熙四十年(1701),江南道监察御史张瑗巡视西城,在西山一带发现碧云寺魏忠贤墓时上疏康熙皇帝:"碧云寺,寺后峻宇缭墙,覆压数里,郁葱金碧,疑是前王陵墓,询之土人,乃知为故明逆珰魏忠贤生圹,墓上有二穹碑屹立,合书钦差总督东厂官旗办事掌惜薪司内府供用库尚膳监印务司礼监秉笔总督南海子提督保和等殿完吾魏公忠贤之墓,臣观览之下,不胜发指……魏忠贤……荼毒忠良,恶贯满盈……神人共愤……(碧云寺)乃畿辅近地,尚留此秽恶之迹,僭越之制……仰祈天威乾断,敕地方有司,立仆其碑,铲平其墓。"康熙随后下旨:"魏忠贤墓著交与该城官员,什毁铲平。"碧云寺仆碑平墓后,张瑗赋诗记事,歌颂此乃"圣德奋起乾纲之举"。铲平魏忠贤墓起到了"以儆奸邪,以垂鉴戒",免蹈明朝宦官祸国之覆辙的作用,也摆脱了宦官们"邀福于佛"的局面。

康熙皇帝不仅治国有方,而且喜山乐水"于西山名胜古刹无不旷览游观,兴至则吟赏托怀",他建行宫于香山,驻跸于碧云寺,留下了《驻跸碧云寺》《碧云寺临泉望月》《碧云寺晓起》《再赋碧云晓景》等诗作。在《驻跸碧云寺》诗中他记述了当时进驻寺院的场面:"山寺通幽境,莺啼绿树枝。幡虹迎玉辇,刹凤驻云旗。

翠麓三乘辟，佳辰万骑宜。松阴辉落景，游豫近臣知。"

乾隆皇帝更是乐观林壑之美，乾隆八年（1743）起开始游香山，乾隆十三年（1748）开始扩建碧云寺，并记述了初至碧云寺的感受："我爱碧云寺，香山一脉连。回峰成左障，隔壑据层巅。古刹尘埃暗，山僧岁月延。望中已久矣，到此实初焉。助景因经始，施檀亦偶然。照园辉佛日，梵网焕诸天。是日新秋霁，静宜驻跸便。试参山水秀，果占画图全。衣履如沾润，林峦益逞妍。一泓天半澈，百道涧边悬。有句皆清绝，无心不静镯。徘徊瞻圣藻，俯仰忆尧年。"

碧云寺扩建工程在乾隆十二年（1747）就已经着手，中国第一历史档案馆清室档案记载：乾隆十二年（1747）六月二十九日，和硕庄亲王奏请碧云寺下院添盖僧房事称："查得碧云寺亦有下院房屋不敷僧众居住，应照前例添盖僧房七间，俟修理碧云寺之时并交工程处随后添盖，先令僧众挪到下院居住，所有果树五十六株，照前例每株作价银五钱，共作价银二十八两，交于工程处。"八月，大臣三和奏请皇上："请将步军统领舒赫德查办项下交银三万二千二百八十三两九钱四分五厘二毫三丝入于碧云寺工程处下应用。"乾隆十三年（1748）内务府又将"查收伊拉齐京中所有家产银六千九百八十七两九钱交碧云寺工程处下应用"。而扩建寺院的原因在《御制重修碧云寺碑文》和《御制金刚床塔诗》中可寻答案。即"要以清净为本。……否则污法席而玷山灵，何福田利益之有？……当明政不纲，椓人专恣，鬼神为之怨痛，犹欲佞佛以求庇于地下。而为其上者方且假以宠灵，锡之题额，若惟恐其香火之不延，宅兆之不固。……朕驻跸静宜园，时过此寺，乐观林壑之美，而念古刹之有待于护持也，爰命重加整葺。喜其涤瑕荡秽而复为净域"，并想通过佛教"佛威神力"达到"五风十雨斗米才三钱"的唐贞观盛况。

《日下旧闻考》记载了乾隆十三年（1748）扩建碧云寺后的规模："……碧云寺山门东向，度桥为天王殿，复逾桥为正殿，为次层殿，后为三层殿，又后为金刚宝座塔，院前白石坊座一。碧云寺正殿额曰能仁寂照，殿后六方亭恭勒御制碧云寺碑文，次层殿额曰静演三车，后殿檐额曰普明妙觉，内额曰圣业慧因，塔院坊座上额曰西方极乐世界阿弥陀佛安养道场。塔座凡三层，上层石洞镌额曰发阿耨多罗三藐三菩提心，石龛额曰灯在菩提。由石级螺旋而上，至顶建塔，凡七，皆镂以佛像，中龛额曰现舍利光。院前碑亭恭勒御制金刚宝座塔碑文……碧云寺南为罗汉堂，后为藏经阁……北为涵碧斋，后为云容水态，为洗心亭，又后为试泉悦性山房。"这次扩建之后，碧云寺平面布局由原来单一的汉寺布局，改成前为汉式、后为藏式建筑的汉藏相结合的寺院。

此后，清政府少于修缮。至清朝末年，寺内已"栋宇就圮，无葺新者""五百罗汉楼阁丰剥"。

1911年，辛亥革命推翻了清王朝统治，建立了中华民国，碧云寺被视为文化教育事业的重要场所。1917年，北京学界同仁同寺院住持发起碧云寺维持会，寺内残破者及倾覆者稍做整修，其余房屋被西山天然疗养院、中法大学、陆谟克学院乙部、西山中学、农林实验场测候所等慈善及文化事业单位使用。1925年，孙中山在北平（京）逝世，其灵榇迁至碧云寺金刚宝座塔内保存，1929

民国时期碧云寺罗汉堂内彩画剥落情景

年,孙中山遗体迁往南京中山陵后,碧云寺设立了"总理(孙中山)纪念堂"和"孙中山先生衣冠冢",因此碧云寺又是拜谒孙中山的场所。

1949年1月北平和平解放以后,碧云寺由中央军委技术部管理使用。1952年,经北京市人民政府批准,西山风景区管理所(后改名为西山风景区管理处、香山公园管理处)接管了碧云寺。为满足群众参观碧云寺的愿望,1953年至1954年,西山风景区管理所先后投入大量人力、物力,对碧云寺建筑设施进行了全面整修。经北京市人民政府批准,碧云寺于1954年9月正式对外开放。1957年,碧云寺被列为北京市第一批重点文物保护单位。1959年至1961年"三年困难时期",在园林部门"绿化为主,大搞生产"方针指导下,碧云寺内种植了大量水果、蔬菜。尽管当时经济困难,但国家还投资1.5万元修缮了寺内罗汉堂、菩萨殿，进行了供水工程建设。1966年"文化大革命"中，碧云寺山门殿、大雄宝殿、菩萨殿等几座殿堂内的佛像陈设文物被毁。1971年碧云寺关闭。1977年，碧云寺在中共中央统战部、中共北京市委的关怀下，于10月1日全部开放。1978年，在中国共产党十一届三中全会精神鼓舞下，园林事业跨入新的历史发展阶段，碧云寺的景区改造、古树养护、古建修复、基础设施建设、旅游服务等各方面工作大见成效。2001年6月25日，碧云寺被国务院批准为第五批全国重点文物保护单位。

如今，这座"河岳层层团锦绣，华严界界有楼台"的寺院，正以古老精整的建筑、幽丽典雅的景观迎接着八方来客。

佛教建筑

　　佛教建筑主要包括殿堂、佛塔和经幢等。殿堂是佛教寺院的主要建筑,用来供奉佛和菩萨,也是出家僧人居住、生活和修行的地方,历来为佛家活动中心和偶像崇拜及宗教宣传基地。

人们一般把供奉佛像借以瞻仰礼拜和院落中房舍以外的主体部分称为"殿",把僧侣说法、修道和日常起居的房舍称为"堂"或"寮"。一般禅寺"伽蓝七堂"是指佛堂、法堂、僧堂、库房(也有用为职事堂的)、山门、西净、浴室。较大一点的寺院还设讲堂、经堂、禅堂(云会堂)、塔、钟鼓楼等。

殿堂的配置大致是:山门,山门的左右为钟鼓楼,后面为天王殿,后为大雄宝殿、法堂,再后为藏经楼(寺院图书馆),两侧廊庑,气势庄严。正中路两侧是配殿、伽蓝殿、祖师堂、观音殿、药师殿等。较大一点的寺院还设有五百罗汉堂。寺院的左侧为僧人生活区,建有僧房、库房、香积厨(厨房)、斋堂(食堂)、茶堂(接待室)等,右侧主要是禅堂,以容四海云游僧人而名。整个寺院由多层院落组成,形成僧人的独特的宗教生活区。

佛塔是建筑与雕塑艺术于一体的佛教建筑物,也称为宝塔。佛塔的式样很多,有木塔、石塔、单层塔、楼阁式塔、密檐式塔、瓶形塔、金刚宝座塔等。金刚宝座塔是因供奉金刚界五部的主佛(五方佛)而得名,这种塔是一个很大的台座上立五座或七座塔,塔的座子上布满五方佛的浮雕,极为精巧美观。塔的层数多为单数,即阳数,含有传统的"吉祥"之意。

经幢是佛教中一种带有宣传和纪念性的建筑艺术品。经幢多为石雕,圆柱形、六角形或八角形,一般由基座、幢身、幢顶组成,幢身刻有经文,基座和幢顶雕有花卉、云纹等图案,显得十分华丽。

重重院落、层层深入、回廊周匝、壁画鲜丽、琳琅满目、引人入胜的碧云寺,坐西向东,是一座佛教建筑设施齐全的寺院。

布局以伽蓝制度定式而成。《山行杂记》载："（碧云寺）入门见殿宇，大约同卧佛，而僧寮在两庑后，东西向卑列，无幽邃境。"万历时期的朱孟震在游记中说："碧云寺……门堂七重，重累数十阶以高。"天启年间修饰后庙貌益宏，形成中轴线自东向西依次为：山门殿、金刚殿（哼哈二将殿）、钟鼓楼、天王殿、大雄宝殿、菩萨殿、方丈院、墓地；南部有禅堂；北部有园林风景区的格局。

清乾隆十三年（1748）扩修碧云寺时，在中轴线西端康熙皇帝铲平的太监墓地处添建了金刚宝座塔，在南部扩建了禅堂，添建了五百罗汉堂和藏经阁，在北部的园林风景区建成"涵碧斋""含青斋""洗心亭""试泉悦性山房"为核心的行宫御苑。乾隆十四年（1749），将乾隆御题"能仁寂照""静演三车""普明妙觉""圆证妙果""胜业慧因"等匾分别悬挂各殿，并在各殿布置精美陈设。乾隆四十八年（1783）七月至乾隆四十九年（1784）正月，清政府维修了寺院的部分建筑："碧云寺山门前四柱七楼牌楼一座，明间面阔一丈七尺二寸，次间各面阔一丈四尺五寸，柱高二丈四尺一寸五分。安斗科、花板、雀替，拆换新柏木中柱二根、边柱二根，即用换下旧柱子墩接。添换楠木高拱柱六根、大小额枋五根、梓角梁十六根、桁条二根、扶脊木二根、三花二缝戗木六根、褶柱十二根、花板十块、斗科十二攒、檐椽一百十五根、飞檐椽一百八十九根。满换椽头木、望板、盖斗板、连檐瓦口，挑换青砂石夹杆、螭吐、堦条，拆砌虎皮石柱窝，拆瓦头停，照旧式油画见新……碧云寺拆修牌楼并梵光楼（在宝相寺内）墩接楼柱等工程……净准销银二千六百十五两一钱二分九厘。"同时还给"罗汉堂配添炉瓶座六分,山门前拆换旗杆二根,膳房五间、大墙外西北堆拨房二座计四间揭瓦头停,挑换木植,粘补、装修、砌墙垣、找墁地面"。另外,记载了一些无具体年代的修缮工程:"碧云寺前换旗杆二根、戗木五根(内两根用换木旧旗杆改做),随墙门口一座,拆换木植";"碧云寺涵殿三间,揭瓦头停,挑换椽望,粘补、装修、拆安后檐阶条,拆苫台帮,山墙台帮下补筑灰土,拆苫有碍游廊六间、净房二间,拆修、挑换椽望";"库房五间,揭瓦头停、挑换椽子"。

随着清政府逐渐衰败,碧云寺内的建筑修缮时断时续。直到 1917 年碧云寺维持会即将成立之际,才"将残破者加以整理,倾覆者逐渐重修……其殿堂、塔亭、有关佛教及美术之建筑皆为保全"。

1934 年 9 月,北平市政府为保护古迹制订了《北平游览区建设计划》,并对罗汉堂、金刚宝座塔、大雄宝殿、观音殿进行修缮。文物整修工程完成后,寺院建筑焕然一新。1942 年 8 月第十五号《佛学月刊》有文章记载:"山门内两侧立神,身修丈大,威光赫奕,令人凛然惊心,即俗所谓哼哈二将也。再进一池上覆石桥……更入,但见殿宇殊丽,庄严像设……后进数殿亦极修整,其最恢廓者,为大雄宝殿,纵广九楹,内奉释迦如来,颜如慈父,又迦叶、阿难,并十大尊者圣像……殿后耸然特立西方极乐世界,俯视别院,复见殿宇云连,渠渠耀目,遂欣往焉,至则罗汉堂也。内塑五百尊者……皆金光璀璨,妙色庄严。"

中华人民共和国成立后，经北京市人民政府、北京市园林局（2006年3月1日改为北京市公园管理中心）及香山公园管理处的投资建设，寺院的佛教建筑基本恢复清代风貌。2006年10月16日至2007年6月14日，香山公园根据公园总体规划对碧云寺古建筑进行了全面保护修缮，同时清理出历史上水系沟道并修复使用。

山门殿

山门殿又称三门殿，即寺院最外门。一般为三门并立式，中间是一大门，两边各一小门，象征"三解脱门"（空门、无相门、无作门）。山门之名因于寺院多居山林，人们习惯上称为"山门殿"。

碧云寺的山门殿与他处寺院不同，由二层山门殿作寺院外门。

第一层山门殿，它的三门与众不同，它们不是三门并立状的，而是山门雄立高台之上，两侧阁楼展于左右。

这座山门中间的大门是通过台阶可登达的，两侧的小门是开在台阶左右的，小门内有带甬道的涵洞将两侧连通，还有可登达中间大门的台阶。

该殿建于明代，为砖石结构，无梁式歇山卷棚顶。正脊面东为二龙戏珠图案，西为凤凰推牡丹图案，角脊带风铃，石券窗，面积为60平方米。两侧阁楼也是角脊带风铃，石券窗，面积各为18.5平方米。

山门前有石桥,汉白玉质地,桥长10.8米、宽5.2米,桥下有10余米深沟涧。该桥历史上就是碧云十景之一,"危桥跨涧"即指此。明代还曾救千余人性命。《宛署杂记》载:"碧云庵……惟前过石桥以入。嘉靖庚戌(1550年),事起仓卒,居民不及入城,多投寺中,断桥以守,虏骑竟不得入,所活千余人。"桥头左右有石狮一对,是明代遗留下极好的石雕。

第二层山门殿与他处寺院略同,为三门并立式。中间是一大门,左右各一小门。因殿内有哼哈二将,也称金刚殿或哼哈殿。

该建筑为挑尖梁式歇山灰瓦顶,檐下饰斗拱,角脊挂铃,悬子彩画,殿为三间,面积为122.7平方米,拱券门,石透窗。殿内塑有金刚力士二像,像高4.8米,姿态猛勇,面貌威猛,头戴宝冠,做愤怒相,手执金刚杵,两脚分立。左像怒颜张口,以金刚杵做打击之势,右像忿颜闭口,怒目圆睁,平托金刚杵,二力士像把守山门,显示出佛门威武森严。相传原塑像出自名匠师刘兰之手,在同类像中享有极高的评价。其与众不同,有三大特点,第一是

碧云寺山门殿及山门前石桥

碧云寺山门殿带风铃角楼

形象设计新颖,生动有力,不是一般的四平八稳,呆呆板板地坐着、站着的姿态,而是充分刻画出人物表情,横眉怒目,身体向前倾扑,显得浑身都是力量;第二是冠带雕饰衬托得非常好,为显示出他们的猛勇,作者把他们的衣带和他们的动作配合起来,用艺术的手法加以夸张,如振臂处衣襟飞舞得像红绸飘带一般;第三是雕工精细,整体严密,每一处细小的地方(手指、脚趾、肌肉)都配合得合乎真实感。

二层山门殿(金刚殿)在清乾隆十三年(1748)予以修饰,并在殿外左右旗杆上挂大幡二首、杨幡二首。柁枋上挂彩漆字画绢方灯二对。在殿门外悬挂乾隆御笔汉、满、蒙、藏4种文体的蓝地金字"碧云寺"匾一面。乾隆四十八年(1783)至乾隆四十九年(1784)间,又对碧云寺山门三间和八方重檐亭一座,

二层山门殿(金刚殿)外景

进行揭瓦头停、拆换木植、挑换椽望工程。

1946年3月25日至4月12日，由北平华光营造厂施工，完成了碧云寺山门、二层山门瓦顶查补、拔草工程，北平市工务局、北平市政府文物管理工程处投资（与天王殿、大雄宝殿等处工程合用资730万元法币）。

1953年，西山风景区管理所进行开放前准备工作，修缮了山门殿和二层山门殿，1955年，北京市园林局投资9000元挑顶油饰37平方米角楼。1956年，在纪念孙中山诞辰90周年之际，西山风景区管理处对山门殿散水、甬路、扶手墙进行了大修。

"文化大革命"中，哼哈二将像被毁。

1971年，西山风景区管理处投资1000元对这两层山门进行

碧云寺明代塑制的哼哈二将像

了油饰。1977年5月，北京市园林局投资3700元进行殿堂挑顶修缮工作。

1991年10月9日，北京市领导到香山视察工作，提出恢复碧云寺哼哈二将塑像的建议。11月4日，经北京市园林局办公室研究决定：恢复哼哈二将塑像，将大雄宝殿书画展取消。复建工程投资3.3万元，由北京雕塑厂承做，1992年2月开工，1993年5月竣工，并于6月1日对游人开放。修复的哼哈二将像基座50厘米，像高4.6米。

天王殿

天王殿因殿内供奉四大天王像得名。又因殿内供奉弥勒像而有弥勒殿之称，乾隆赐名"圆证妙果"。

该殿建于明代，为歇山灰筒瓦顶，檐下饰斗拱带擎檐柱式建筑。不透明石窗，雕刻精细。殿为三间，面积138.8平方米。

殿内正中供奉的本尊像为双耳垂肩的铜制弥勒佛。（殿堂供奉的主要佛像，即在诸尊中以某尊为主、为本而特尊崇之，称为主尊，也称为本尊。由于佛教内部宗派的不同和时代崇尚的变化，正殿供奉的主尊就有很大的不同。）他左腿盘起，右腿弯曲，双手扶膝，袒胸露腹，喜笑颜开，殿外曾挂联曰：大肚能容，容天下难容之事；开口便笑，笑世上可笑之人。传说弥勒是五代时

碧云寺弥勒殿之明代铜铸弥勒佛像

的布袋和尚，原名"契此"，他体态肥胖，面带笑容，言语无恒，常常背着大棒，棒上吊着口袋在闹市行乞并教化群众，其临终时说了一首偈语："弥勒真弥勒，分身百千亿，时时示时人，世人自不识。"因此人们认为布袋和尚是弥勒和尚的化身。在《弥勒上生经》《弥勒下生经》《增一阿含经》上载：弥勒是南天竺人，名阿逸多，是释迦牟尼的弟子，后从人间往生兜率天（佛教所谓六欲天之一，此天有内、外二院，外院是欲界天的一部分，内院是弥勒寄居欲界的"净土"）内院。佛经上还说：释迦牟尼的教法流传一万年之后，世间众生道德逐渐提高，不再需要佛教，佛教便自行消亡，再过八百余万年，弥勒菩萨由兜率天下降到此世界成佛。

在本尊左右是四大天王像，它们分别为：东方持国天王、南

碧云寺内明代雕塑的四大天王像

方增长天王、西方广目天王、北方多闻天王。四大天王的职责是"各护一天下",掌管四大部洲(东胜神洲、南赡部洲、西牛贺洲、北俱芦洲)的山河大地。所以也称"护世四天王",后因演化,四大天王变为专门镇守佛门的四大金刚。碧云寺四大天王均身着甲胄,东方持国天王手持琵琶;南方增长天王手执宝剑;北方多闻天王右手持雨伞;西方广目天王手拿蛇一类的动物,其形象代表风调雨顺,该像毁于北洋军阀之手。

清乾隆十三年(1748)修缮碧云寺时,天王殿得以修缮,并布置以下陈设 [据中国第一历史档案馆嘉庆三年(1798)陈设记载]:明间中神台上向东佛上挂哈达一件,神台前供红油供桌一张,上供铜珐琅七珍一分(紫檀座),青花白地磁钵一件(磁座)、黑漆五供一分(随锡水烛接油炉屉一分、木灵芝一对)。柁上挂彩漆字画绢方灯二对。外檐向东挂御笔"圆证妙果"匾一面。

乾隆四十八年(1783)至乾隆四十九年(1784)间,还装

碧云寺天王殿外景

碧云寺天王殿的红漆供桌

饰了殿内弥勒像。

1946年3月25日至4月12日,北平市政府对天王殿进行了查补、拔草工程。

1954年碧云寺开放前夕,西山风景区管理所对天王殿进行了维修。1956年,为迎接在碧云寺举办的孙中山诞辰90周年活动,北京市园林局拨款4000元挑顶油饰天王殿。1982年至1983年间,对天王殿进行了油饰。1987年,在弥勒像前增设木围栏,以保护古迹,同时增添了红漆供桌及清代木质香炉等供器。

1993年5月,北京市园林局拨款1万元制作碧云寺说明牌,并重新制作天王殿说明牌。1994年11月,北京市园林局又投资5000元给弥勒像加封铁围栏。2006年对该殿进行了全面维护。

大雄宝殿

　　大雄宝殿因殿内供奉的主尊像是释迦牟尼，所以称"大雄宝殿"，是寺院中的正殿，也称大殿、释迦牟尼殿，乾隆皇帝赐名"能仁寂照"。"大雄"是佛祖释迦牟尼的德号，是对他的道德、法力的尊称。佛经说他能降伏五阴魔、烦恼魔及死魔等各种魔，威高德上。《法华经·从地踊出品》赞曰："善哉善哉！大雄世尊。"

　　大雄宝殿塑像的配置，有释迦牟尼或毗卢佛或接引佛的一尊像、三尊像、五方佛像。佛像两旁通常塑有迦叶尊者像和阿难尊

碧云寺大雄宝殿（能仁寂照）内明代塑造的佛像

碧云寺大雄宝殿（能仁寂照）外景

者像。有的在大殿两侧和殿后还分别置十八罗汉像和三大力士及海岛观音像。

碧云寺大雄宝殿塑像的配置则是殿正中本尊为释迦牟尼双腿结跏趺吉祥坐，左手放在右足上，右手向上屈指做环形（称为"说法印"），表示说法的姿势，也就是"说法相"。背后有高大背光，四周透雕火焰纹。主尊像两侧常有"胁侍"，即左右近侍，是两弟子和两菩萨并侍像。释迦牟尼的两大弟子紧侍左右，年老的名叫"迦叶"，中年的名叫"阿难"或"阿难陀"。迦叶是佛教史上第一次结集时的召集人。阿难则被佛教说为受持一切佛法，长于记忆，被称"多闻第一"。相传佛涅槃后迦叶继续领导徒众，后世称之为初祖。迦叶涅槃后，阿难又继续领导徒众，后世称之为二祖。在"迦叶"和"阿难"左右是文殊、普贤两位菩萨。大殿两侧均是悬山云海，其间配有十八罗汉像和《西游记》唐僧师徒四人去西天佛国取经路上所遇 81 难的故事。

十八罗汉原为十六罗汉，十六罗汉是佛祖释迦牟尼的弟子。他们亲受释迦牟尼的嘱托，不入涅槃，常住世间宣传佛法，受世人的供养，为众生作福田。十八罗汉的出现是由于五代时绘画罗汉像以及其他一些原因，使十六罗汉发展为十八罗汉。《十八大阿罗汉颂》将庆友列为第十七罗汉，宾头卢列为第十八罗汉，庆友是《法住记》的作者，宾头卢是第一尊者宾度罗跋啰惰阇的重出。《佛祖统记》认为第十七、十八两位罗汉是迦叶和君屠钵叹，有的则说是迦达摩多罗和布袋和尚，也有人认为是降龙和伏虎。

大殿后面抱厦内设海岛，观音菩萨像立于岛上，像旁塑善财童子和龙女。观音头戴宝冠，项饰璎珞，脸庞清秀，神态恬静，左手拿柳枝，右手持净瓶，脚踏鳌鱼，其四周为观音救八难（八处见佛闻法的障难，指地狱、饿鬼、畜生等）的塑像。

这座大殿建于明代，是寺内等级最高的一座殿宇，殿三间，前带月台、擎檐柱，后带卷棚式抱厦，檐下斗拱装饰，猫眼彩画，庑殿顶，双脊，脊背装饰轮、螺、伞、盖、鱼、罐、花、长 8 件佛家宝物。面积 290 平方米。月台前设有六角石经幢，南北配殿各三间。

清乾隆十三年（1748）对殿宇进行修缮，并布置陈设。

明间向东佛上挂哈达一件。神台前设红油供桌一张，上供紫檀嵌玻璃欢门龛一座（玻璃有水纹二扇，内供玉佛一尊）、紫檀镶玻璃门连三重檐殿式龛二座（内各供铜佛三尊）、紫檀镶玻璃门如意龛二座（内各供铜佛九尊）、御书《千手千眼观世音菩萨大悲心陀罗尼经》一套、御书《药师琉璃光如来本愿功德经》一套、黄铜盖紫檀木底哈达盒一件、五色哈达五件、铜蜡扦一对（随紫檀边玻璃罩）、白地青花磁靶碗一对、黄铜奔靶壶一对（楠木座，内插吉祥草）、铜珐琅八宝七珍各一分（具紫檀座）、黑漆供托五件、锡五供一分（随木灵芝一对，锡水烛接油炉屉一分）。地设立绒毯一块。左右明柱上挂御笔黑漆金字对一副。木香几五供上供铜烧古如意五供一分（随铜香靠一件、铜炉屉一件、木蜡灵芝二对）、黄缎拜褥一件（随红白毡托二块）、五副黄布挖单一件。前柁枋上挂黄缎欢门幡一堂、小幡六首。左右柁枋上挂彩漆画明角连二群灯一对、紫檀字画绢方灯一对。

南北次间地设铜掐丝珐琅有盖三足鼎一对（铜屉摔沙座、紫檀座本地存）。

后抱厦向西设红油供桌一张，上供紫檀四方龛一座（嵌玻璃门三扇，内供铜佛一尊）、铜珐琅八宝一分（紫檀座）、紫檀罩盖匣一件（内安《观音五十三现图》一册）、商银塔一座（内供铜佛一尊）、青花白地瓷瓶一对（楠木座）、铜掐丝珐琅奔靶壶一对（紫檀座）、黑漆供托五件、黑漆五供一分（锡水烛接油炉屉一分、木灵芝一对）。前后门上挂黄布边刷毡竹帘各二架。外檐向东挂御书"能仁寂照"匾一面。

其南北配殿两座，各三间。

南北配殿明间神台前供红油供桌二张，上供黑漆供托十件、黑漆五供二分（随锡水烛接油炉屉二分、木灵芝二对），柁上挂紫檀斑竹画玻璃六方灯四对。地设铁炉瓶六件（石座）。外檐门上挂黄布帘刷二件。

随着清朝的衰退，寺内建筑得不到修葺。清末民初《继天下名山胜景记》中载"院中方池，正殿颇旧"。1920年中法大学驻碧云寺，将大雄宝殿两侧配殿内佛像拆去，用作校舍。1925年又将大雄宝殿废为讲堂。1937年至1938年北平市二期文整工程中，北平市政府把大雄宝殿作为一项重要工程进行了整修油饰。据1938年10月6日《新民报》载："……一为释迦牟尼殿（大雄宝殿），一为观音堂（菩萨殿），共需洋约五万元，自兴工以来，业已多日，工程进行颇为迅速，一大部均已竣工……全部不日可告完成。"1946年至1947年间，北平市政府又对大雄宝殿进行查补、拔草工程。1953年，西山风景区管理所在进行碧云寺开放前筹备工作时，对损坏严重的大雄宝殿拐角房进行修缮，投资4800元（旧币）。1955年，北京市园林局投资9000元重修大雄宝殿北配殿三间91平方米。1956年，投资4万元对大雄宝殿290平方米油饰见新。1960年，北京市财政局拨款5.5万元修缮大雄宝殿、菩萨殿、罗汉堂及寺内碑亭。1961年，北京市危险古建小组检查碧云寺古建时，发现大雄宝殿根柱糟朽，云山压裂，将其列入危险古建，北京市园林局将此情况汇报北京市文化局、北京市人民委员会，决定1962年完成修缮工程，并得到上级批准。

1964年8月，发现大雄宝殿南北厢房18间发现白蚁，10月经北京市人民政府办公厅同意，于10月22日拆除18间房，建成绿地，工程于1965年5月竣工。与此同时，拆除了大雄宝殿南配殿，新建房三间，投资9000余元，由北京市拨款，北京市园林局修建工程处施工；挑修北配殿房屋150平方米，由北京市拨款4000余元，北京市园林局修建工程处施工。

1966年"文化大革命"中，碧云寺大雄宝殿内塑像被作为"四旧"破除，仅留下残破的释迦牟尼像和悬山。1967年，西山风景区管理处拆除了碧云寺释迦牟尼殿内佛像、悬山等遗物，用于政治宣传。1970年，西山风景区革命委员会投资4000元为大雄宝殿抹墙皮、修门窗。1982年10月至1983年11月间，西山风景区管理处用北京市园林局拨的68000元对该殿进行漆彩画工作，之后将殿堂用作工艺品展室。1984年，随着旅游事业的发展，将大雄宝殿开辟为"碧云寺燕山书画社"，两侧殿堂作为经营用房，1990年7月，对大雄宝殿南配殿进行地面铺石、刷墙、吊顶装

1922年的碧云寺大雄宝殿院

1995年重塑的碧云寺大雄宝殿内景　1995年重塑的大殿后抱厦观音塑像

修工作。1994年,香山公园计划复原大雄宝殿、菩萨殿两殿陈设,11月25日,香山公园陈设恢复工程开工,1995年9月25日完工,该殿与菩萨殿共投资168万元,修复佛像62尊,悬塑165平方米,须弥山120平方米。同时制作了供桌、佛龛、供狮等。2006年又对该殿进行了维护。

菩萨殿

菩萨殿又称观音堂,乾隆重塑碧云寺后赐名"静演三车"。它是在寺院的第三进院落,始建于明代,面阔五间,面积为227平方米,歇山大脊,前出廊,檐下饰有斗拱。殿内供奉五大菩萨像,从左到右依次为大势至、文殊、观音、普贤、地藏。

殿内南北两侧塑有高1米左右的二十四诸天神和福、禄、寿、喜四星塑像。塑像的四周是云山悬塑。像这样五大菩萨集于一堂

明代塑造的碧云寺菩萨殿（静演三车）内景

的佛像布局国内外寺院中很少见。

殿外两侧原有内塑七十二司像的露顶房和配殿。1920年，中法大学驻寺后陆续将七十二司等处神像及神殿百余间拆毁掩埋，今尚存石质基座。

乾隆十三年（1748），维护大殿的同时布置了陈设。

明三间向东，明间佛上挂哈达一件。神台前设红油供桌一张，上供《大宝积经无量寿如来会》一匣二册（曹文埴字）、洋漆嵌玉西洋亭式玻璃欢门龛一座（随木根背光，内供铜佛一尊）、紫檀镶玻璃门连三重檐殿式龛二座（内各供铜佛三尊）、紫檀镶玻璃门如意龛二座（内各供铜佛九尊）、铜珐琅七珍一分（紫檀座）、铜掐丝珐琅灯碗一件（随铜丝罩）、铜蜡扦一对（随紫檀边玻璃罩）、铜轮一对、黑漆供托五件、铜珐琅五供一分（紫檀座，随蜡花珠花）、黑漆五供一分（随锡水烛接油炉屉一分）、铜珐琅香筒一对（紫檀座）、楠木香几坛城一座（随紫檀边玻璃罩）。左右地设紫檀宝盖杆座缂丝方矗灯二对。柁枋上挂万字式羊角灯二对。地设黄云缎拜垫一件、红白毡二块、五副黄布挖单一件。

南北间神台前设红油供桌二张，上供紫檀镶玻璃门如意龛四座（内各供铜佛九尊）、紫檀五屏风二座（上供铜佛十尊）、铜珐琅八宝二分（紫檀座）、黑漆供托十件、黑漆五供二分（随锡水烛接油炉屉二分）、洋磁宝瓶二对（紫檀座）。明三间前檐枋上挂锦缎欢门幡三堂（随小幡十八首）。地设铁炉瓶一分（炉三件、瓶四件）。

南北次间设铜钟一架（随架）、鼓一面（随架）。前檐门上挂黄布边刷毡竹帘二架、黄布帘刷二件。外檐向东挂御笔"静演三车"匾一面。

左右露顶二座，各一间（山神土地）。向东神台前设红油供桌二张，上供黑漆炉瓶六件（随锡水烛接油二分）、黄布帘刷二件。

南北配殿两座，各三间。

明间神台前设红油供桌二张，上供黑漆供托十件、黑漆五供二分（锡水烛接油炉屉二分、木灵芝二对）。柁枋挂紫檀斑竹画玻璃六方灯二对、紫檀彩漆纳纱五福骈臻灯二对。地设铁炉瓶六件（石座）。

乾隆十四年（1749），在殿前建重檐八角攒尖、荧琉璃瓦顶碑亭和御制诗刻碑两块。

八角攒尖碑亭上下檐均饰斗拱，红墙红柱，二龙戏珠彩画，碑亭内设乾隆《御制重修碧云寺碑文》，碑首为盘龙浮雕，额用满、汉两种文字篆"御制"二字。碑身两侧雕缠枝莲纹饰，下设龟跌海墁。

碑的阳面用满、汉两种文字镌乾隆十四年（1749）《御制重修碧云寺碑文》："西山佛寺累百，惟碧云以闳丽著称，而境亦殊胜。岩壑高下，台殿因依，竹树参差，泉流经络。学人潇洒安禅，殆

菩萨殿前的八角碑亭

无有逾于此也。自元耶律楚材之裔名阿利吉者，舍宅开山，净业始构。明正德中，税监于经为窀穸计，将以大作功德，而寺遂廓然焕然。至魏忠贤踵而行之，奢僭转甚。夫奉佛者不废庄严，要以清净为本。如梵夹所载人天供养穷极珍异，皆本清净为庄严也。否则污法席而玷山灵，何福田利益之有？虽山体常新，如如不动，初无纤毫增损，而自人事观之，有足慨者。当明政不纲，椓人专恣，鬼神为之怨痛，犹欲佞佛以求庇于地下。而为其上者方且假以宠灵，锡之题额，若惟恐其香火之不延，宅兆之不固，厥后罪恶贯盈，刑诛踵接，而秽迹之标揭于林莽间者，迨易世乃克铲除，追惟末造，谁实尸之？斯足为车鉴也已。朕驻跸静宜园，时过此寺，乐观林壑之美，而念古刹之有待于护持也。爰命重加整葺，喜其涤瑕荡秽而复为净域，因笔之于石，用垂戒焉。"落款书：乾隆十四年岁在己巳冬十月吉日。

碑的阴面镌刻乾隆十三年（1748）九月二十日乾隆皇帝御题诗一首。

诗云：

　　　　　香土开天半，云垣筑亩平。

　　　　　坐穷千里目，葆检九秋清。

　　　　　霜后松生翠，风前瀑怒鸣。

　　　　　自非来净域，谁解息尘情。

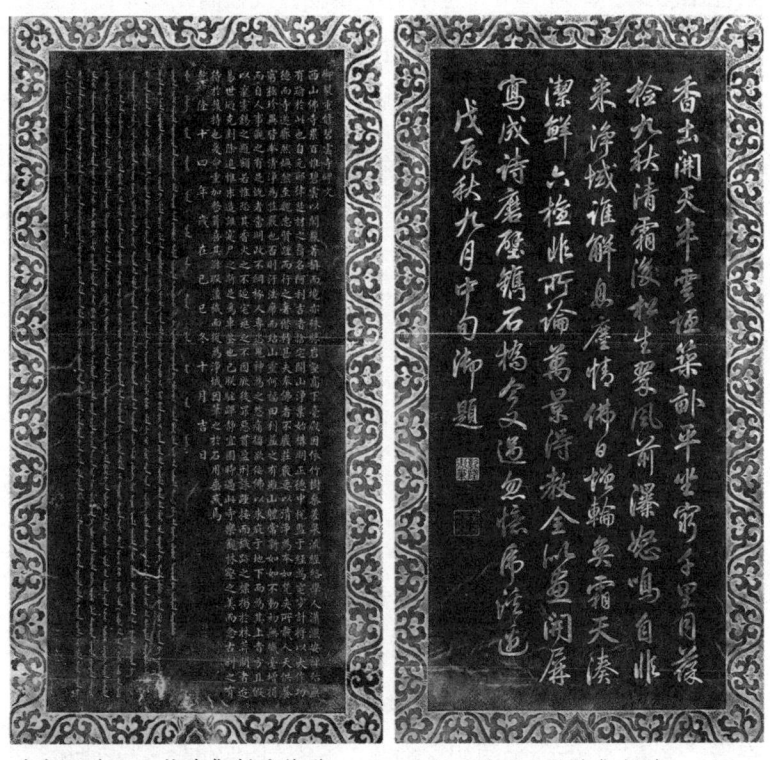

碑亭石碑阳面乾隆御制重修碧云寺碑文　　碑亭石碑阴面乾隆御制诗

佛日增轮奂，霜天凑洁鲜。

　　六檀非所论，万景得教全。

　　似画开屏写，成诗磨壁镌。

　　石桥今又过，忽忆虎溪边。

戊辰秋九月中旬御题

　　下钤"乾隆御笔""万物静观皆自得"二方玺。

　　碑亭与菩萨殿之间有两块御制诗刻碑。碑首、碑座均雕为流云江山图案。乾隆皇帝一生中数次驾临，仅在清乾隆十四年至乾隆三十九年（1749—1774），题写"碧云寺"诗就有25首，其中8首镌刻在这两块石碑上。

　　左侧石碑上刻有4首，分别是乾隆十四年（1749）、乾隆十八年（1753）、乾隆三十四年（1769）、乾隆三十七年（1772）所题。

　　乾隆十四年（1749）六月，乾隆御笔"碧云寺"诗五首，其中一首镌刻在石碑上，字迹朝东。碑首镌刻"御制"二字。诗云："松间路转山亭古，岭外窗临绣壤丰。游目骋怀差可慰，黄云将次熟西风。"落款为：己巳季夏御笔。下钤"乾隆宸翰""正谊明道"二方玺。

　　乾隆十八年（1753）七月，乾隆御题"碧云寺"诗二首，其中一首镌刻在石碑上，字迹朝西，碑首"御制"二字。诗云："不关礼佛不参僧，为爱秋来岚翠凝。坐我虚轩纵遥目，碧天如洗正空澄。"落款为：乾隆癸酉初秋御题。下钤"所宝惟贤""乾隆御笔"二方玺。

乾隆御制"碧云寺"诗

乾隆三十四年（1769）四月，乾隆御笔"碧云寺"一首刻于碑上，字迹朝南。诗云："韬光灵隐亦纡远，两寺似他一寺分。香山适才游白社，越岭便以至碧云。忍草禅枝恒自在，芝田花雨相氤氲。坐我山房聊悦性，岂从梵呗参声闻。"落款为：己丑清和月上浣游碧云寺作御笔。下钤"所宝惟贤""乾隆御笔"二方玺。

乾隆三十七年（1772）三月，乾隆御笔"碧云寺"诗一首，字迹朝北。诗云："傍晚有余暇，过山寻梵宫。石桥初度处，瓦殿若浮空。到可消诸虑，禅非叩六通。墀前一池水，照影昔年同。"落款为：碧云寺作。壬辰暮春月中浣御笔。下钤"乾隆宸翰""惟精惟一"二方玺。

右侧石碑上刻诗4首，分别为乾隆十六年（1751）、乾隆十七年（1752）、乾隆三十八年（1773）、乾隆三十九年（1774）所题。

乾隆十六年（1751）五月，乾隆御笔"碧云寺"诗二首，其中一首镌刻在石碑上，字迹朝东，碑首"御制"二字。

乾隆御制诗文碑刻

诗云:"翠深初地净无埃,叠嶂威纤涧户开。松韵泉声都好在,一时兴会又新来。"落款为:辛未仲夏御笔。下钤"四时佳兴与人同""乾隆宸翰"二方玺。

乾隆十七年(1752)四月,乾隆御题"碧云寺"诗三首,其中一首镌刻在石碑上,字迹朝西,碑首"御制"二字。诗云:"上方钟磬六时闲,著我偷哨一叩关。朗辟云窗骋遥目,远村近墅雨晴间。"落款为:壬申初夏御题。下钤"乾隆宸翰""陶冶性灵"二方玺。

乾隆三十八年(1773)三月,乾隆御笔"碧云寺作"诗一首刻于碑上,字迹朝北。诗云:"树杪见莲界,云标步奈园。老松千载鬣,古殿百年垣。翠岭为屏护,清波绕砌湲。玉泉十丈瀑,谁识此其源。"落款为:碧云寺作,癸巳春润月中浣御笔。下钤"所宝惟贤""乾隆御笔"二方玺。

乾隆三十九年(1774)四月,乾隆御笔"碧云寺作"诗一首刻于碑上,字迹朝南。诗云:"拾级登云磴,探元叩法门。真宗标相好,满宇演风旛。古柏阴笼殿,闲花香护轩。山房筑东壁,德水挹清源。"落款为：碧云寺作，甲午孟夏月中浣御笔。下钤"所宝惟贤""乾隆御笔"二方玺。

清朝末年，菩萨殿已因失修而破旧，据清末民初文人徐珂记载："……碑亭之后，一殿，亦腐旧。"1935年，北平市政府拟修碧云寺菩萨殿并将其列入制订的《北平游览计划》中，1938年修整工程开工，对该殿进行油饰，北稍间的梁柁交榫处的裂缝用铁活拢固。菩萨殿与大雄宝殿保护工程，当年10月竣工。1946年5月10日，北平市政府指令工务局由该局事业维持费项下列支款48700元（法币）作为刷新碧云寺碑亭工料费，6月22日工程开工，由国父衣冠冢留守处代为施工，要求里面上黄下灰，外面照原色抹新，27日完成刷新。

1953年，西山风景区管理所油饰修补了碑亭。1960年，北

碧云寺维护油饰的御制碑亭和菩萨殿

京市财政局投资5.5万元，对菩萨殿、大雄宝殿、罗汉堂及碑亭进行了修缮。

1961年6月，北京市危房古建小组检查碧云寺古建时，发现碧云寺菩萨殿大柁折断，脊檩糟朽，云山内部压裂下沉，随时有倒塌危险。北京市园林局当即决定1962年年内完成菩萨殿、三世佛殿、罗汉堂的修缮工程。1962年，经北京市文化局同意，10月3日工程开工，至1963年4月底抢修工程全部完工，工程总投资1.8万元。1966年8月，"文化大革命"中将殿内佛像作为"四旧"进行破除。1967年，西山风景区管理处将该殿内残破悬山遗物全部拆除，用于政治宣传。1971年，西山风景区投资453元对该殿进行碎砖墙拆除，墩接柱脚工作，1972年又进行了天棚、门窗的整修。

1982年11月至1983年11月，北京市园林局投资51000元进行了碧云寺菩萨殿挑修油漆彩画工程。1985年将该殿开辟为拓片展室加以利用。

1994年，为适应碧云寺的环境，在专家指导下，于11月开始进行菩萨殿陈设恢复工程，1995年9月25日竣工。

2006年到2007年对该殿进行了保护性修缮。

方丈院

方丈院，顾名思义，是方丈生活的地方，明代之前碧云寺僧众都居住在寺院两庑和后侧。乾隆皇帝为其赐名"普明妙觉殿"。明人朱孟震在《游西山诸刹记》载："石路迂回，驾水而桥，蹑蹬数十级，环山内外皆流水，会于前池，池清彻，红鳞历历可数，循廊至方丈，由方丈而东，叩石龙口，泉所从出也。"清末民初文人徐珂《西山诸胜》记载："正殿颇旧，殿前左右有八角华表，上镌经文，字极挺秀。更入，正中为碑亭，内置乾隆己巳年重修碧云寺碑记。碑亭之后，又一殿，亦腐旧。更入一院，花木清幽，银杏、娑罗、白骨松尤多，娑罗虽茂不及卧佛寺四分之一矣。院甚宽广，右为司房（内廷掌管文书的宦官的办事房），左为客堂（负责寺院日常接待工作）。正殿三间，左右各有一室，左为方丈。"清乾隆十三年（1748），维修并布置了此院，据嘉庆三年（1798）陈设记载：

殿一座，五间。明间向东神台前设红油供桌一张，上供黑漆供托五件、黑漆五供一分（随锡水烛接油炉屉一分）、紫檀三塔玻璃欢门龛一座（内供铜佛三尊）、紫檀玻璃连三重檐殿式龛二座（嵌风铃胆一个，内供铜佛三尊）、铜珐琅七珍一分（紫檀座）、铜珐琅钵一对（紫檀座）、穿琉璃珠挑幡一对（漆杆座）。明间檩枋上挂锦缎欢门幡一堂（小幡六首）、黄缎拜褥一件、红白毡二块、五副黄布挖单一件。左右神台前设红油供桌二张，上供锡供托十件、黑漆五供二分（锡水烛接油炉屉二分）、紫檀镶玉西洋龛一座（内供玉佛三尊）、紫檀嵌牙玉西洋龛一座（随玻璃三扇，内供铜佛一尊）、紫檀镶玻璃门如意龛四座（内各供铜佛九尊）、铜珐琅八宝二分（紫檀座）。佛背后设绣黄缎靠背二件。

明三间佛座前供玻璃门紫檀龛九座（内各供铜佛一尊）。柁枋上挂紫檀字画绢方灯四对。明间地设铁炉瓶三件（石座）。

南北间地设西洋珐琅有盖四足鼎一对（内有一件有倬琅石座）。内檐向东挂"胜业慧因"绢匾对三件。外檐前后门上挂黄布帘刷二件。殿外向东挂御笔"普明妙觉"匾一面。

南北配殿二座，各三间。内设红漆八仙供桌八张、红漆椅子十六张、红漆二人凳十六张、锡供碗十件。两配殿门上挂黄布帘刷十八件。

孙中山灵榇奉移前存放在方丈院的铜棺

1928年12月24日，为奉迎孙中山灵榇南下，迎榇专员赴碧云寺谒灵，将所带来的铜棺置于碧云寺中殿（方丈院）。1929年，南京陵墓建成。5月26日，灵榇发引南京紫金山中山陵时，将方丈院内佛像移往博物馆，并将殿宇辟为"总理纪念堂"（1954年更名为"孙中山纪念堂"）。

金刚宝座塔

金刚宝座塔又名金刚宝座、金刚床，亦称五轮塔。这种塔是在一个很大的台座上立五座或七座塔，组成一个完整的塔群。塔

碧云寺金刚宝座塔景观

下面的金刚宝座很大，表面分为五层，下面还有一层须弥座。每层上面都用柱子做成佛龛，朴实雄伟。塔的座子上布满了五方佛像的浮雕，精巧美观。五塔各代表一尊如来，中央者代表大日如来，东塔代表阿閦如来，南塔代表宝生如来，西塔代表阿弥陀如来，北塔代表不空成就如来。据佛经说，佛教创始人释迦牟尼坐于印度摩揭陀国佛迦耶菩提树下成佛，故称其坐处为金刚座。佛经还说："一切菩萨将登正觉，皆坐此座上。"塔是佛教寺院的建筑物，原是埋葬佛教高僧的灵骨（即舍利）、经卷、袈沙、法器等物作为纪念，所以塔又是一种纪念性的建筑物。

金刚宝座塔在寺院的最深处。该处原为明代太监于经、魏忠贤生圹，清康熙四十年（1701）铲平。乾隆十三年（1748）在此处建造金刚宝座塔。《日下旧闻考》载："……乾隆十有三年，西僧奉以入贡，爰命所司，如式建造。"

据翁文恭光绪九年（1883）记载："登后山，山盖魏珰坟也，乾隆中铲平之（实际是康熙四十年铲平），以其地包入寺内，做五塔镇之。"

乾隆《御制金刚宝座塔碑文》又对金刚宝座塔的佛教历史做了解释："昔如来成等正觉，必坐菩提道场。盖法王、人王有世出，世间之异，而居尊御极，其理则同。故宝座庄严，所以正天人师之位也。佛威神力，能使六种震动，而当其初转无上法轮，转一切天人所不能转，则地为普动以应之。惟道场安立之区，常住不动，其地乃三千大千世界之中，上极金轮，下侵地际，金刚所成，周百余步。如须弥之隐于沙界而露其巅，去来诸佛并于此坐，而入金刚定，以是名金刚座焉。……佛灭度后，座隐不见，诸国王乃以铜观自在像南北标识其处。厥后又仿浮图之制，范金为座，以便供养。"其建造式样，来源于古代印度的"佛陀迦耶大塔"，在《御制金刚宝座塔碑文》中说："平台特起，周币严净，象道场广轮之所极也。五塔岳峙，各具宝相，象佛之徧历四隅而常依止中座也。西域流传，中土希有……尺寸引伸，高广具足。势同地涌，望拟天游。"《日下旧闻考》记述了金刚宝座塔建成后的情况："塔座凡三层，上层石洞镌额曰发阿耨多罗三藐三菩提心，石龛额曰灯在菩提。"南京档案馆资料还记载：石龛旁联云"三千法界，由广信而出无明；十二因缘，自普济以登彼岸"（联已无存）。由石级螺旋而上，至顶建塔，凡七，皆镂以佛像，中龛额曰现舍利光。

"灯在菩提"匾在金刚宝座塔汉白玉塔基东面拱券式门上方，汉白玉石质地匾额，钤"乾隆御笔"一玺。石匾四周嵌浮雕莲瓣、卷草纹，飘带间镶嵌"轮螺伞盖花罐鱼长"佛教八宝、如意云头等纹饰。南京档案馆资料还记载："现舍利光"匾在金刚宝座塔顶龛外檐上，为汉白玉石质地，上钤"乾隆御笔"一玺。石龛拱门上装饰卷草纹浮雕。塔顶龛内为藏文"陀罗尼经"。

碧云寺"灯在菩提"匾　　碧云寺"现舍利光"匾

金刚宝座塔坐西向东，塔高 34.7 米，塔座高 20 米，建筑面积 931 平方米。共分为三层，最底层为两重塔基，外砌虎皮石，围以石栏，正面有石级可上，二层以上全部用汉白玉石黏接而成，即为金刚座。正中开券洞，两侧可沿石级而上登塔座。塔座上的出口处东侧墙壁上，字迹向西镌刻乾隆十六年（1751）御制"登碧云寺金刚床塔"诗。因风化严重，字迹已残损，仅能看到石刻的下半截文字，文字的四周刻有纹饰。落款下钤"御书"一方玺。原诗为："百丈之山，延缘徐步忘其高。十丈之塔，矗尔拔地直上，乃讶高岩峣。何况窣堵回据西山半，宜其下视无地，上已干青霄。太行西来历万古，杯水沧溟金弹吐。康回能使东南倾，女娲谁见西北补？我闻佛谛要令万缘忘，胡为梵志传此金刚床？高秋乘兴一拾级，目穷千里心万方。今年登塔凡三度，六和报恩皆有赋。江山信美虑程遥，讵可频频劳六御？因之念寄吴越间，夏灾数郡遭沴遭。何能五风十雨斗米才三钱？恧哉吾治逊彼唐贞观。"

出口左右各有一座藏式瓶形塔，屋顶四隅为四个小型藏式瓶形塔，塔顶正中央，置一座十三层密檐方形石塔，四周各有一座略小于中央塔的方形石塔。所有小塔顶部都有铜铸塔刹。整个金刚宝座塔从塔基至塔顶，遍布诸佛像、金刚力士像和狮像、云纹、龙凤、兽头、花卉等浮雕。这种建筑形式虽传自印度，但又结合了中国传统艺术手法，保留了密藏斗拱等，它是清朝盛期碧云寺的一座宗教建筑，也是一座大型的雕刻艺术品。当时是帝后及王公大臣、妃嫔们的游览之所。因此还布置了一些陈设。

金刚宝座塔一座，前券门内向东神台前石桌上供铜五供一分

（随红油金龙蜡一对，彩漆灵芝一对）。地设黄云缎拜垫一件（随红白毡托一分）。塔内塔上向东龛内石桌上供铜五供一分（随红漆金龙蜡一对，彩漆灵芝一对）。地设黄云缎拜垫一件（随红白毡托一分）。

塔后券门内石桌上供铜五供一分（随红漆金龙蜡一对，彩漆灵芝一对）、帘刷一件。

在金刚宝座塔的四周设有围墙，这进院落因有巍然高耸的金刚宝座塔而被称为塔院。

塔院，最东端是一座木结构牌坊，斗拱飞檐，油漆彩画，其西石狮一对，分列两侧。再西为四柱三楼汉白玉石质牌坊一座，坊长34米，高10米，镌刻云纹，非常精细，上额乾隆御书"西

金刚宝座塔石牌坊

金刚宝座塔院内碑亭

方极乐世界阿弥陀佛安养道场",龙鹤云纹周边环绕。坊两侧为照壁,上各有节、孝、忠、廉的人物浮雕和人名,左侧为(蔺)相汝(如)、李蜜(密)、诸葛(亮)、陶远(渊)明,右侧为狄仁杰、文添(天)祥、赵必(壁)、谢玄。照壁的小额枋上刻有八个字,左为"清诚贯日",右为"节义凌霄",与照壁相连接呈八字形石壁上,雕刻有麒麟图,背面壁上雕有披发狮子,左右八字形壁上雕刻八仙过海图。

又西有乾隆十三年(1748)建八角形碑亭,南北各一座,亭为重檐八角攒尖,上檐为圆形,下檐为八角形,檐下装饰石雕斗拱是极具特色的建筑。亭内顶为穹窿形,顶中部设龙头藻井,亭中各置石碑一通,碑首中间均刻"御制"二字。碑身雕刻乾隆十四年(1749)《御制金刚宝座塔碑文》。

北侧之碑阳面满文、阴面蒙文,南侧之碑阳面汉文、阴面藏文。御制金刚宝座塔石碑铭:"昔如来成等正觉,必坐菩提道场。盖法王、人王有世出、世间之异,而居尊御极,其理则同。故宝座庄严,所以正天人师之位也。佛威神力,能使六种震动,而当其初转无上法轮,转一切天人所不能转,则地为普动以应之。惟道场安立之区，常住不动。其地乃三千大千世界之中，上极金轮，下侵地际。金刚所成。周百余步如须弥之隐于沙界而露其巅，去来诸佛并于此坐，而入金刚定，以是名金刚座焉。摩揭陀国钵罗笈山圣迹彰明，诸方信向。佛灭度后，座隐不见，诸国王乃以铜观自在像南北标识其处，厥后又仿浮图之制，范金为座，以便供养。平台特起、周币严净，象道场广轮之所极也。五塔岳峙，各具宝相，象佛之遍历四隅而常依止中座也。西域流传，中土希有。乾隆十有三年，西僧奉以入贡，爰命所司，就碧云寺如式建造。尺寸引伸，高广具足。势同地涌，望

乾隆十四年（1749）御制金刚宝座塔碑文

拟天游。贤劫祖庭，实在于是。夫塔庙之设，类以藏舍利齿发为过去崇奉地耳。此座独表法王御世之初，威德尊胜若是，其灵异显著，将人天瞻仰。恍如佛日之方中，而神力之所加持，固有历劫不倾者。成此善果，因备述其缘起云。"落款为：乾隆岁在己巳孟冬月吉日。

再西石狮一对，前为砖牌坊一座，三门七楼，红墙壁，石雕门。塔周为白皮松环绕，地下绿草茵茵。

碧云寺砖牌楼

金刚宝座塔建成后,清政府于乾隆四十八年(1783)至乾隆四十九年(1784)间进行维修,将碧云寺"灯在菩提塔拆换券门栏栅,牌楼前拆砌踏跺、宇墙"。此后直至1917年碧云寺维持会成立之际,才再次对金刚宝座塔进行整修。

1925年4月2日,孙中山灵柩移往碧云寺,安厝于金刚宝座塔的石券门内,1929年5月25日设立衣冠冢。冢内安放孙中山逝世时所用的楠木棺,棺内摆放重殓孙中山遗体时更换下的大礼服、大礼帽等物。同时封闭了塔龛两头券门,设立"孙中山先生衣冠冢"大理石碑一方,券门外设大铜门和迎榇专员立的纪念碑。衣冠冢前设有一雕工精美的西洋式供桌。1937年至1938年间北平市二期文整工作中,对金刚宝座塔加以修葺。在金刚宝座塔座的东南墙,有沙石灰质地铭一方,内容如下:

南京国民政府葬事筹备处迎榇专员设立的纪念碑

碧云寺塔院内金刚宝座塔、砖牌楼、碑亭、石桥、石牌坊、木牌坊等修缮工程于中华民国二十六年（1937）六月九日开工，民国二十七年（1938）十月十二日完工。从这块铭文可清楚地了解到，在整修金刚宝座塔的同时，还对塔院里的其他建筑进行了修整，铭至今保存完好。经过此次整修，金刚宝座塔更为辉煌夺目。

1952年以后，碧云寺成为郊游胜地，金刚宝座塔及塔院成为主要的游览景点，得到重点保护和修缮。

1984年，北京市城市生产服务合作总社东方艺术雕塑厂负责将颐和园东宫门外牌楼北侧1929年制的"孙中山兵工政策纪念碑"石幢迁置塔院。纪念碑是1929年孙中山灵柩移往南京前方振武将军率军义务修筑道路时所立。碑呈六面棱柱体，汉白玉石质，高约3米。纪念碑碑身字面正东镌刻：孙中山先生头像。铭文为："幽昭明德，燕山之阳。肃肃灵所，寐寐馨香。大道之行，主义是昌。毂我平民，思媞用光。平治道路，和我周行。兵工政策，意美法良。遐迩崇仰，悠悠无疆。铭石纪念，永矢弗忘。"下注：中华民国十八年三月五日 国民革命军第一集团军第四军团总指挥方振武敬立。碑身字面向东北镌刻"兵工修治道路工事日繁越有生产发达之象 总理第一次兵工宣言"。碑身字面向西北镌刻"改兵为工于工事最有经济"。碑身字面正西镌刻"总理政策以实行兵工为归依"。碑身字面向西南镌刻"实行兵工制度虽给加倍之饷国家犹为合算 总理第二次兵工宣言"。碑身字面向东南镌刻"兵化为工于兵之自身最为适宜而有利"。

1985年，随着旅游事业的发展，碧云寺的人流量日益增多，金刚宝座塔内通道窄而游人多，从安全角度出发，香山公园管理处封闭了金刚宝座塔的顶层。同年 3 月开始，陆续投资 7.4 万元整理塔院景区，修补了塔顶上 710 平方米水泥地面铺装，塔下增设铁栏杆（作为出口）及一座 5 平方米的茶色铝合金售票房，并将原有小石桥两侧分别增设一座小石桥，在石牌坊前增设铝合金照相房屋一座。

碧云寺塔院安置的孙中山兵工政策纪念碑

1993 年，为保护金刚宝座塔，在塔龛石洞口处安装了保护栏杆。

1994 年 3 月，香山公园管理处为保护金刚宝座塔石雕文物，向北京市园林局请示加封金刚宝座塔。5 月，北京市园林局指示"对地上文物涂有机硅，加以保护"，当月，香山公园就对碧云寺金刚宝座塔、石碑等文物刻画进行处理并喷涂了有机硅。

2006 年至 2007 年对金刚宝座塔及塔院建筑进行了全面查检维护。金刚宝座塔至今保存完好，成为人们游览寺院时必去的一处景点。

禅 堂

禅堂是僧人打坐修行之所。僧众在外云游参学时可以到十方丛林禅堂居住,所以也有云会堂、般若堂之称。碧云寺禅堂是寺院南部的一组建筑,始建于明代,为五开间硬山式,脊饰凤凰推牡丹图案,面积为180平方米。清乾隆十三年(1748)修建碧云寺后,御题"鹫光合印"并布置陈设。

中国第一历史博物馆嘉庆三年(1798)陈设记载:殿一座,计五间。明间照壁前向东佛上挂白绫哈达三件。明间神台前设金线露朱漆供桌一张,上供紫檀镶嵌四方玻璃欢门重檐龛一座(内供松石佛一尊)、紫檀四方龛二座(内供铜佛一尊)、铜珐琅七珍一分(紫檀座)、红地五彩磁宝瓶一对(紫檀座)、戳扫红黄金八吉祥一堂八件、暗花古铜香色漆五供一分(红铜炉屉,蜡胆云匙雕龙蜡一对,五彩灵芝一对,朱漆花囊一对,紫漆座)、彩漆杆座黄绦丝方矗灯一对。地设黄地红花羊毛毯一块、黄缎拜垫一件、红白毡托一分。前檐枋上挂黄缎欢门幡一堂(随锦缎小幡四首)、

碧云寺般若堂屋脊的凤凰推牡丹装饰

紫檀彩漆纳纱五福骈臻灯六对。照壁后向西贴：墨刻心经塔一张。左右神台前设金线露朱漆供桌二张，上供紫檀四方殿式龛二座（各嵌玻璃门三扇，内各供铜佛一尊）、铜珐琅七珍二分（紫檀座）、戳扫红黄金八吉祥二堂（计十六件）、磁奔靶壶二对（紫檀座）、暗花古铜香色漆五供二分（红铜炉屉，蜡胆云匙雕龙蜡二对，朱漆花囊一对，五彩灵芝二对，紫漆座）、紫檀嵌玉七层塔一对（内各供玉佛七尊）。前檩枋上挂锦缎欢门幡二堂（随锦缎小幡八首）。地设黄地红花羊毛毯一块。供桌两边供穿琉璃珠扁幡一对（漆杆座）。照壁上挂御笔"鹫光合印"匾对一分。外檐向后门上挂黄云缎帘刷四件、黄布帘刷四件。

南北配殿各三间。门上挂黄云缎帘刷二件、黄布帘刷二件。

中华民国时期，该殿被用作中法大学音乐教室，配殿用作西山天然疗养院的养病室。中华人民共和国成立后进行了维修。1982年，用5万元的抗震费重修禅堂房屋，又与大雄宝殿等殿合用10万元的资金进行了油饰，工程于1983年完工。1984年后一直为燕京书画社碧云寺分社使用。1992年，香山公园管理处粉刷了碧云寺禅堂及配房112平方米。2006年公园开放50年之

碧云寺禅堂举办的"千年香山展"展室

际,将禅堂及院内配殿布置为"千年香山展"展览用房。

罗汉堂

罗汉堂是佛教寺院中特有的建筑,它是为纪念佛教史上的第一次结集而建的。罗汉是梵音阿罗汉的省称,为小乘教修行的最高果位。《佛五百弟子自说本起经》载:释迦在世时,曾有五百商人出海采宝,遇到强人,遭到劫掠,且被剜去眼珠,日夜因痛号哭。后有人指引说灵鹫佛氏,即释迦如来能救他们。大家于是寻找释迦,舍尽财宝,行至大林精舍,释迦给他们说法,从此得证阿罗汉果。

罗汉是"断尽烦恼,堪受世间供养之圣者。释迦牟尼灭度后,他的大弟子迦叶尊者主持五百罗汉在印度王舍城外的七叶窟结集,将佛祖一生的言教记诵下来,以传后世。"佛教史上称之为第一次结集。此后,佛教便有了经、律、论三藏。后人修建罗汉堂,是为了再现当年结集时的情景。

明清时期的大型寺院,大都建有罗汉堂。碧云寺罗汉堂的建造,显示出碧云寺已具备大型寺院的规模。

罗汉堂位于碧云寺南部,是一处自成格局的院落。建于乾隆十三年(1748),面积1147.7平方米,乾隆二十九年(1764)清政府用资一万六千两白银塑成五百零八尊罗汉像,安置于罗汉堂内。

《日下旧闻考》记载："碧云寺南为罗汉堂……仿杭州净慈寺像。"杭州净慈寺罗汉堂建于南宋绍兴九年（1139），是我国最早供奉五百罗汉的寺院。《三山志》记载"宋时，杭州净慈寺初塑五百罗汉像""以田字贮之"。五百罗汉之名号得于"江阴军乾明院五百罗汉石刻（南宋高道素录）"。碧云寺罗汉堂建筑平面呈田字形，正面出轩，其他三面各出抱厦，中间开有四个小天井，外上部呈盝顶形，轩内塑有四大天王像，抱柱上有黑漆金字乾隆题写的匾联，上联"果正吉祥云三千已遍"，下联"观融功德水五百非多"，柁枋上横额"海会应真"。殿内塑有罗汉五百零八尊，周围群像计五百尊，殿中央供"三世佛"三尊，东西南北各路口分别是韦驮、地藏菩萨、接引佛和疯僧，还有一尊在梁上，他便是南宋僧人济公。济公（1148—1209），原名李心远，浙江台州人，在杭州灵隐寺出家，法名道济，后移净慈寺。传说他不守戒律，嗜好酒肉，尤其喜好狗肉蘸大蒜。性格诙谐幽默，举止如痴如狂，世称"济颠和尚"。后来中国佛教把他加以神化，说是降龙罗汉转世，故

碧云寺罗汉堂三世佛像

被称为"济公"。传说他到罗汉堂报到迟了一步，只好蹲在房梁上。殿内之像便是依照传说安排的。

这五百零八尊金漆木胎罗汉，喜怒忧思各形于色。在国内寺院里能有五百罗汉集于一堂的，碧云寺还是屈指可数的几处之一。

乾隆皇帝为了"皇途永固"，利用人们信仰佛教的思想修寺造像，实行统治，在罗汉堂内还为自己塑造了金身（第四百四十四尊罗汉，顶盔挂甲，罩袍蹬靴，呈帝王之躯的"破邪见尊者"就是乾隆为自己塑的罗汉像）以为昭示。

罗汉堂建成后进行了陈设布置：殿一座，计六十五间，抱厦四间，前殿三间。

正殿中间向东佛上挂白绫哈达三件。佛座上供铜佛三尊。神台前设金线露朱漆供桌一张，上供乌木镶紫檀嵌玻璃欢门龛一座（内供绿佛一尊）、戳扫红黄樽八吉祥一堂、暗花古铜漆五供一分（红铜炉屉，蜡胆云匙雕龙蜡一对、五彩灵芝一对、朱漆花囊一对，紫檀座）、铜珐琅万喜吉祥有盖樽一对（紫檀座）、古铜有盖鼎一件（紫檀座）。地设黄云缎拜垫一件、红白毡托一分。韦驮后设楠木香几一件，上设楠木匣一件（内安《罗汉册页》五册）。韦驮前设铜珐琅有盖长方四足鼎一件（紫檀座）。佛后设铜珐琅有盖三足鼎二件（紫檀座）、哈达一件。二十尊站像佛前设金线露朱漆香几二十件（内西南角连二香几一件）。佛身后设铜掐丝珐琅有盖三足鼎一件（紫檀座）。南、北、西外檐帘架上挂黄云缎帘刷三件、黄布帘刷三件。柁上挂紫檀画八方灯四十四对、紫檀彩漆纳纱五福骈臻灯二对。二层门上向东挂御笔"海会应真"匾。

乾隆在碧云寺罗汉堂为自己雕塑的金身

乾隆五十九年（1794）十二月二十六日，令员外郎德亮复行查核苑承达桑阿等修理静宜园罗汉堂等处殿宇、房间、墙垣工程用银状况，原估工料银一万六千六百七十六两九钱三分三厘，经该管工大臣核减银六百一十八两八钱六分七厘，实净销银一万六千五十八两六分六厘，该工所用一切物料银两数目相符。

1928年，碧云寺罗汉堂已破旧，"西面神佛被风雨吹残"。但是碧云寺的隶属机关碧云寺维持会无整修能力，后交由北平市政府代为经营。1934年，罗汉堂被列入《一期文整计划》中，当时罗汉堂已塌毁一部分，《一期文整计划》中概算用1万元修补罗汉堂。其修整工程的具体开工、完工日期记载在罗汉堂外南墙的汉白玉铭上，正楷字体镌刻如下：碧云寺罗汉堂的修缮工程于中华民国二十六年（1937）五月十七日开工，二十七年（1938）十二月二十六日完工。1938年10月6日《新民日报》载："……此次修缮为便于施工，大部佛像均运出殿外，该堂因年久失修，房屋坍塌，倾圮已堪，今加修葺，殿宇焕然一新，光辉灿烂。"

1952年，西山风景区管理所接收碧云寺伊始，便投资7000

万元（旧币，与其他工程合用），修复了碧云寺各殿，并整修罗汉堂坍塌部分，修补了破损的门窗，重修了殿前的青砖影壁。

1957年，碧云寺被列为北京市第一批文物保护单位，罗汉堂也被列为重点文物。

1960年，对罗汉堂进行部分挑顶和修补渗漏。

1961年6月，北京市人民政府委员会根据中央保护古建文物的精神，组织了"危险古建检查小组"，对北京市以及公园风景区的一部分古建筑进行了检查鉴定，发现碧云寺"五百罗汉堂有三十八根柱子根部糟朽，并有部分顶子漏雨"现象，因此碧云寺罗汉堂等古建筑被列入必须修缮的危险古建。1962年2月14日，北京市园林局向北京市人民政府委员会提出维修碧云寺危险建筑的具体意见："决定在本年完成碧云寺菩萨殿、三世佛殿（卧佛寺）、五百罗汉堂三处的修缮工程。"北京市人民政府委员会批示"同意园林局意见"。5月21日，北京市园林局将碧云寺罗汉堂等古建的损坏情况汇报给北京市副市长万里和贾星五秘书长。5月26日，北京市文化局〔(62)文物字第321号〕就碧云寺古建所需经费问题请示北京市人民政府委员会。8月18日，中华人民共和国文化部拨款1万元作为碧云寺罗汉堂、菩萨殿两项工程抢修费用。中华人民共和国文化部、北京市文化局、北京市园林局共同前往碧云寺进行了实地勘察，认为菩萨殿和罗汉堂损坏情况比较严重，根据实际情况，"只能进行抢修加固"以保证建筑及游客的安全。对罗汉堂柱基的糟朽问题采取墩接加固的维修方法。

1966年"文化大革命"开始后，为保护罗汉堂文物，西山风景区管理处在罗汉堂殿前挂"这是牛鬼蛇神，不准展览"的牌子，罗汉堂才被保留下来。1971年，北京市园林局拨款7000元对1072平方米房屋查补，1973年又拨款4.1万元墩接柱子，修整佛像。

1974年，西山风景区管理处对罗汉堂进行了加固，投资1.6万元。

1976年8月地震之后，西山风景区管理处投资1000元修整罗汉堂，并于1977年投资2.5万元修补罗汉像。1978年，西山风景区管理处投资4.1万元整修了罗汉堂后院停车场及门楼。1979年又在罗汉堂安装通风防护设备。

1981年，对罗汉堂进行了安装避雷针及围墙工程。1982年至1983年，为罗汉堂增设网状防护铁栏，同时，对罗汉堂内剥皮严重的罗汉进行全面油饰，使其面貌焕然一新。

1987年，为适应旅游事业的发展，更加有效地保护罗汉堂的历史文物，香山公园管理处决定对罗汉堂进行大规模的内装修。8月17日，北京市园林局第15次会议决定碧云寺罗汉堂的修整项目："地面铺橡胶地板，罗汉像修补，改网状围栏为封闭式玻璃罩及排风、照明等。由香山公园管理处做出具体整修方案，北京市园林局基建处解决维修经费，地面铺装由北京市园林局公园处负责解决。工程准备于1988年春季旅游旺季前完成。"当年10月工程开工，在殿堂内通道上铺设橡胶地板，安装了八面换气扇，改殿堂上部窗户的磨砂玻璃为明玻璃活扇窗户，拆除安装在罗汉像前的网状护栏，改为全封闭式铝合金茶色玻璃罩。同时，在罗汉堂殿外增设一座 7 平方米的古建式茶色铝合金售票房。这项工程用款 20 万元，1988 年 4 月完工。

1989 年 4 月 8 日，香山公园管理处投资 3 万余元，进一步整修罗汉堂内部，特邀湖北省民间艺人对罗汉堂内五十多尊罗汉进行了整体维修，对殿内罗汉四百余处的漆皮剥落、失去法器、残指断臂进行了整理。同时邀请赵朴初为罗汉堂题"罗汉堂"匾一面。

1992 年，香山公园管理处对罗汉堂屋面进行了查补。1993 年，又完成罗汉堂、四大天王像面部维修、安装罗汉堂玻璃罩及锁、制作罗汉牌位和更换中英文对照说明牌示的工程。

1994 年 4 月，香山公园管理处投资 2 万元进行了罗汉堂下院地面改造和道路铺装，该工程于当年 10 月完成，铺装面积 115 平方米。

2006 年至 2007 年香山公园又对罗汉堂进行油饰维修。

赵朴初题写的碧云寺罗汉堂匾额

楼　幢

楼、幢是指钟楼、鼓楼、藏经阁和经幢。它们均是佛教建筑中的组成部分。一般较大一点的寺院都设有钟楼、鼓楼和藏经楼，经幢就不一定设置了。

钟鼓楼：碧云寺的钟鼓楼位于山门殿西侧，它是根据佛教寺院晨钟暮鼓的需要而设立，具有打点报时、提醒僧人警醒守规之作用。钟鼓楼建于明代，为南北对称、大小式样完全相同的二重出檐式建筑，底层为露顶围脊，上层为砖木结构，顶为四角欲飞歇山式。其建筑面积均为50.7平方米，钟楼内悬明嘉靖九年（1530）制的铜钟一口，鼓楼内陈列直径1.2米大鼓一面。

清乾隆十三年（1748）修碧云寺时也曾对钟鼓楼进行修缮，但到清末民初时，钟鼓楼已破旧，徐珂在《清稗类钞》中记载"……有钟亭，左右对峙，腐朽已甚，其一尚有钟悬于梁。"

1946年12月25日至1947年3月，北平市工务局、北平市政府文物工程处投资，对钟鼓楼进行修缮（其中因天气寒冷停工60天，实用工31天）。钟鼓楼修缮工程与寺院其他各殿拔草、查补工程共用资730万元（法币）。

1953年，西山风景区管理所油饰修补了碧云寺钟鼓楼。

1971年，西山风景区管理处投资7000元对碧云寺钟鼓楼进

碧云寺钟楼　　　　　碧云寺鼓楼

行挑顶重建。

1993年6月至9月，香山公园管理处为进一步保护文物、丰富公园活动内容，投资5000元给碧云寺钟楼铺设橡胶楼板、加固横梁扁钢，复原窗户。9月18日，修缮后的钟楼对游人开放，为控制人流量，采取了每人1元登楼鸣钟的售票方式。1994年8月至9月，香山公园管理处又投资1万元对碧云寺鼓楼进行了楼梯地板加固整修，同时对原破损白象鼓架按原迹并参照其他同类鼓架进行了修补和一麻五灰油饰彩画，并将拆除的罗汉板安装复位，1995年对游客开放。2006年香山公园又进行了全面维修。

藏经阁：是佛教寺院不可缺少的部分，也称藏经楼、藏殿，一般用作寺院藏经或图书馆。

碧云寺藏经阁位于罗汉堂的西侧，为二层楼式九开间建筑，硬山顶，面积为243.2平方米，因其建筑为九开间俗称为九间楼。

清乾隆十三年（1748）修缮碧云寺时修建，《日下旧闻考》中记载了寺院南部布局："碧云寺南为罗汉堂，后为藏经阁。"当时为藏经用房。中国第一历史档案馆陈设类卷宗记载：藏经阁一

碧云寺藏经阁

座,上下十八间。

上层左右稍间靠墙设红油木藏经柜十顶(随铜面)、叶曲须十个、全长九寸黄铜锁十把,内供《藏经》一部七百一十九套,《藏经》三卷(黄笺纸壳面)、《杂阿含经》一卷。外檐上、下、前、后、挂黄云缎帘刷八件,黄布帘刷八件。

1918年,碧云寺维持会曾对藏经阁进行修缮(改为硬山顶,今可见清代部分建筑石基),被中法大学作为图书馆,1925年后改作西山天然疗养院,中华人民共和国成立后,藏经阁进行多次修缮。

1956年,西山风景区管理处对碧云寺藏经阁进行了挑顶翻修和裹拢,并用作库房。1963年,北京市园林局修建处对九间坍塌处进行了修补,工程

碧云寺存储的明清时期经文

投资1000元。1978年,西山风景区管理处又投资8000元对藏经阁进行了挑修油饰,但却没有很好地利用。此后,进行小型维护用于职工休息室、办公室。2015年,香山公园将藏经阁用作储存香山文物的库房和安全部门的办公用房。

经幢:幢是一种带有宣传性和纪念性的艺术建筑。我国唐至辽宋时代,建幢之风盛行,有为建立功德而镌造的陀罗尼经幢,也有为纪念高僧而建的墓幢。

碧云寺经幢

碧云寺的经幢位于大雄宝殿月台之前,左右各一座,系石雕,六角形。由基座、幢身和幢顶三部分组成,幢身刻经文,基座和幢顶则雕饰花卉、云纹、行龙等图案,幢顶为六角攒尖,十分华丽。经幢高6米,经文为乾隆御笔所书。至今这两座经幢保存完好。幢身东北、正东、东南面有字,另三面无字。

殿前左侧经幢:幢首正东面镌刻"经幢",幢身镌刻《尊胜咒》经文。殿前右侧经幢:幢首正东面镌刻"永锡",幢身镌刻《大悲无碍神咒》经文。

放生池

佛教讲"大悲为首",规定五戒的头一条就是"不杀生",同时提倡"放生"。佛教要求佛门弟子要以慈悲心行放生,说释放生物可以得长命的果报,因此寺院建有放生池。人们来烧香拜佛时,往往带着自养和临时购买的鱼鸟等动物来放生,以积"功德",这种习惯一直延续到近代。此外,放生池可以调节空气,抑制尘土,还可以起到灭火作用。

碧云寺放生池位于大雄宝殿前,也称观鱼池、金鱼池,池中之水引自卓锡泉。此池养鱼始于明代,为寺中奇观。

碧云寺大雄宝殿院景观

明代金鱼的放养量为最多，不仅万历皇帝几次驾幸碧云寺都要到池边观鱼，游人也以投食喂鱼为乐事。因此，在有关资料中多有关于碧云寺观鱼的记载，明人宋彦《山行杂记》载："殿前二方池，石甃楚楚，蓄金鱼，游人以为奇观。"明人王衡《游香山记》记载了他在碧云寺观鱼时的情景："丁亥，即万历十五年（1587）春三月……碧云（寺）……殿前石池一，而桥绾为二，中蓄五色鱼百千头。余解衣盘礴，坐而施饼饵焉。喤呷相呼，云队再卷，若为鱼丽以仰攻者。"明人朱长春在《西山游记》中记载："碧云寺……有池方广，居以殿中，有梁跨池，如亘白虹，池中鱼大小头万，其色丹白青蓝，骊珠玳瑁，出没藻丝、苹叶承间，如缀金玉宝珠繁露也。梁之中，塞以朱栏，今上（神宗）移跸再幸，乐之，设帟饮梁上观鱼，逐为御道云。"明人谭元春赋诗云："碧云池上金鲫生，不网不罟邀天成，饥来未敢食蠓蠕，时有高僧梵咒声。一生弘慈仰来客，出入池上此心迫。如袖饼饵慰婴孩，来亦不忘投不掷，饵上饵下浮片片，大鱼小鱼喙水面。明知人有佛天心，忽闻人语翻不见。池定饵消我徘徊，明朝自有给孤来。"

清代，碧云寺归为皇家苑囿静宜园管理，对该时期观鱼状况的记载很少，特别是乾隆重修碧云寺以后，更没有记载，仅见《清史稿》载："上（乾隆）诣碧云礼佛，讶池涸。问其故，僧言寺后开煤矿，引水别流。"当时池湖干涸，观鱼之景已不存在。直到1942年，才复见碧云寺养鱼的情况，有游记记载云："……再进，一池，上覆石桥，水色澄清，群鱼过然，纵游其间。"

1949年到1964年，碧云寺金鱼池内一直放养五颜六色的金鱼。

碧云寺放生池

由于 1964 年 10 月至 1965 年 5 月间，碧云寺金鱼池拆建，水量减少，特别是 1969 年至 1975 年和 1984 年至 1985 年间，由于四季青公社多次开矿采煤破坏了水源及自然旱情，造成泉污鱼亡，到 1985 年时，池中仅剩水草。而今经过公园放养，池中已是锦鲤成群。

行宫御苑

碧云寺行宫是清代乾隆时期在碧云寺北部明代园林风景区基础上改建而成的。由涵碧斋、含青斋和水泉院的洗心亭、试泉悦性山房、清净心洞、龙王庙等建筑景观组成。

明代文人记述了寺院北部的风景。明人朱孟震《游西山诸刹记》载:"……(卓锡)泉……水泠泠有声,稍折数步,环丘亭而下,别为一池,池溢水,乃从石甃出,周回绕寺,房廊殿阁,靡所不至。"明人朱长春《西山游记》载:"碧云寺……当源为泉亭,折泉为流觞,交亭左右,又前汇为池,红白荷花,菱蒲参差。又前盘柏为屏,屏前竹一方区……竹前古银杏,荫蔽区等于竹……留御书(神宗)额二,曰'苍松古柏',曰'水天一色'。亭傍壁峭如城,高可十丈,长四五十丈……壁右石室三(石室即乾隆所题"清净心"),临涧,石门,石窦窗……僧云:冬则燠,花木之避冻者藏焉。"《帝京景物略》详细描写了当时碧云寺的峻丽景象:"东西佛土,有满月莲华境界,备诸庄严……然西山林泉之致,到此失厥高深。寺从列槐深径,崔巍数百石级……左侧有泉,屋之,纳以方池,吐以螭唇,并泉为洞,砌方丈耳。洞其名,洞前而亭,对者亦亭,肃如主宾。"清《余文敏公集》中还记载了荷沼的面积"沼可一亩"。

从明人对碧云寺北部水泉院景区景物的记载看,碧云寺的园林建筑颇得自然情趣,所以《长安可游记》称之为"境之最幽者"。

清代,经乾隆十三年(1748)修建后,在北部建起了皇帝的行宫,由于行宫是皇室御苑,游人无法随意进出,故不见记载。其规模仅从中国第一历史档案馆碧云寺全景图中可见:涵碧斋殿三间,含青斋殿五间,均为出檐廊式建筑,以围廊连接,周有围墙,构成了几乎封闭的长方形院落。入门,登踏跺石,为涵碧斋,其前有院落、殿门,后有山石围绕,可直达含青斋。含青斋殿前有奇丽的山石、水池,后有随墙月亮门。过月亮门登石阶可去寺院的其他院落，继续前行可达行宫深处水泉院。

这座气势雄伟的行宫院落是随着清朝的衰败而失去昔日光彩的。光绪十七年（1891），文人洪良品至碧云寺时已是"入东苑转北至洗心亭，亭外梧树……亭上皆高宗御题诗句，惜栋宇旧圮。无葺而新者"。光绪二十四年（1898），《翁同龢日记》记载："寺东院御座房尚整"，却不见有其他描写。中华民国时期的文章更可显示碧云寺行宫的简陋状况。据1941年《民众报》发表的"碧云寺规模宏大可为各寺之冠，景致幽雅如入清凉世界"文中描写"……在寺之东南隅，即山门内钟楼东，有行宫一所，门向西，前后数院，内中古木参天，松柏荫浓，叠石布景，旁有流泉，中院正殿五楹，殿后甬路两旁，有池有流水有泉井，此院清雅异常，对面为含青斋，斋后院有白玉兰二株，再后……水泉院，现已堵绝不通矣"。

中华人民共和国成立后，经北京市人民政府和香山公园的维修改缮，碧云寺行宫御苑才得以保存。

涵碧斋

涵碧斋位于碧云寺北部，它与含青斋形成东西水平长度约80米、平面布置呈矩形、四周建以围墙形成自然的庭院组团建筑。

殿宇坐西向东，三间，建筑面积116.7平方米，因多次改建，现为硬山出廊式建筑。斋室建于清乾隆十三年（1748），《日下旧闻考》记载"碧云寺北为涵碧斋……涵碧斋内额曰活泼天机"。乾隆二十九年（1764）命将"涵碧斋"匾持挂碧云寺，并在殿内安置陈设百余件。

从清嘉庆三年（1798）涵碧斋陈设记载可见其行宫的繁华：

涵碧斋殿一座，三间。

明间靠北槛窗地设紫檀条案一张，上设紫檀嵌玉福字插屏一件、铜镀金时钟一件（玻璃罩，紫檀座）、青玉双环扁瓶一件（紫檀座）、《圣驾五巡江浙恭纪册页》八册（锦套）。槛窗上向南贴沈庆兰画横披一张、御笔字斗二张。假门心贴蒋懋德画条一张。靠南板墙地设棕竹文竹嵌硝石椅四张，上设锦垫四件。南隔断向北贴御笔字横披一张、程琳画斗一张、冯宁画斗一张、王懿修字画一张、戴衢亨字条一张。

南间向东设楠木包镶床三张，上设红白毡各一条、红花高丽凉席一领、香色锦坐褥靠背二件（随葛布套），坐褥上设紫檀嵌三块玉如意一柄（双香色穗珊瑚豆，玉圈一个）、竹边棕竹股黑面扇一柄（曹文埴字，袁瑛画）、红雕漆痰盆一件（玉顶银镀金屉）。床上设紫檀炕案一张，上设青玉海马笔山一件（随笔一支，紫檀座）、青玉圆墨床一件（随朱墨一锭，紫檀座）、青玉兽面水盛一件（铜匙紫檀座）、汉玉蓍草瓶一件（内插棕竹边股半金面扇一柄，舒常字画，竹笔二支，紫檀座）、乌石砚一方（紫檀座，嵌玉匣盛）、《灵岩山志略》一套（锦套）、青玉英雄双孔花插屏一件（紫檀座）、绢画宫扇一柄。床罩内南墙贴御笔字条一张。北墙贴御笔字条一张。靠南墙地设紫檀条案一张，上设蔡玉有盖炉瓶盒一分（旧铜匙筯，红木座）、翡翠磁阳花蕉叶撇口瓶一件（紫檀座）、霁青暗龙碗一件（紫檀座）。迎门南墙贴御笔字条对一分。靠方窗设紫檀琴桌一张，上设欧磁阳花墨海一件（紫檀架）、紫檀边座镶汉玉璧插屏一件、青玉双环四方瓶一件（大清乾隆款，紫檀座）。方窗上贴沈庆兰画斗一张、秦承业字斗一张、王懿修字斗一张。假门心贴沈焕画条一张。真假门上挂石青帘刷一件、香色春绸软帘一架。门口上向南贴冯宁画横披一张。嵌扇门上挂春绸硬板夹帘一架。

北间迎门地设紫檀琴桌一张，上设树根鼎炉一件（紫檀盖座）、定窑暗花铜口挠碗一件（紫檀座）、黄磁出戟花觚一件（紫檀座）、《论语集解义疏》二套。桌下设铜珐琅四足方鼎一件（紫檀座）。迎门北墙贴桂芳字条一张。门口上贴御笔字斗一张。罩内两边地设紫檀绣墩八件，上设绣垫八件。北墙贴赵秉冲字条一张、英和字对一副。槛窗上向北贴张舒画横披一张。向西设楠木包镶床三张，上设红白毡各一条、红花高丽凉席一领、香色锦坐褥靠背二件，坐褥上设紫檀嵌三块玉如意一柄（双绿穗，珊瑚豆）、竹边棕竹股黑面扇一柄（曹文埴字，袁瑛画）、红雕漆痰盆一件（玉顶银镀金屉）。床上设红雕漆小柜一对、寿山石插屏一件（紫檀座）、宣窑果洗一件（紫檀座）、霁红胆瓶一件（紫檀座）、紫檀香几一件（上设青玉有盖炉瓶盒一分，铜匙筯紫檀座）、紫檀炕案二张（上设乌白玉兰瓣盘一件，紫檀座）、成窑龙凤玉壶春瓶一件（紫檀座）、《钦定历代纪事年表》一部四套。案下设黑漆红花匣五件，内各安棕竹边股黑面扇十柄（浦林字画）、雕红漆万字抽屉盒二对。床罩内北墙贴蒋懋德画条一张。南墙贴御笔字条一张。槛柱上挂御笔画屏一件。真假门心上挂石青绸帘刷一件、香色春绸软帘一件、库存钱维城画一轴。外檐前后门上挂青缎边刷毡竹帘各二架。外檐向东挂"涵碧斋"匾一面（粉油蓝字，乾隆御笔）。

1920年到1925年，房屋被驻寺的中法大学使用。1925年，城内东皇城根的中法大学校舍建成，学校迁出寺院后，房屋才被腾出。1925年11月23日至12月2日，在此召开"国民党一届四中全会"（史称"西山会议"），此后涵碧斋成为人们参观游览场所，后又被驻寺单位租用。

1952年，西山风景区管理所接管碧云寺，对涵碧斋进行了多次修缮，加以利用。

碧云寺行宫院涵碧斋景观

1954年,碧云寺开放前夕,西山风景区管理所投资298198元(旧人民币)归安了行宫院台阶、整修了水池、恢复了景观。碧云寺开放后,行宫院作为游览场所开放。

1966年,为纪念孙中山100周年诞辰,西山风景区管理处在整修碧云寺的同时对行宫院6间房进行了挑顶修缮和室内装修。"文化大革命"后,行宫院除1971年至1973年碧云寺关闭停止开放外,其他时间都是对游人开放的。中共十一届三中全会后,旅游业蓬勃发展,人们物质文化生活不断提高,碧云寺行宫院的涵碧斋和含青斋作为寺内饮食和展览用房不断进行维护,使其服务于游人。

含青斋

含青斋位于涵碧斋西侧,是行宫院的第二组建筑,乾隆十三年(1748)修建后,乾隆帝赐名含青斋。《日下旧闻考》载"碧云寺北为涵碧斋,后为云容水态",所以含青斋有"云容水态"之称。

含青斋坐西向东,大殿五间,面积为192.5平方米。原为出廊纳脊建筑,后因多次修缮成为硬山顶出廊建筑,清乾隆年间涵碧斋与含青斋以游廊垂花门连缀,院中绿树成荫,岘山石(即北太湖石)堆砌的曲形湖池将两组建筑相连,池中水清如镜,群鱼翔游。碎石板桥浸水而架,景致极为秀丽。中国第一历史档案馆《陈

碧云寺行宫院含青斋

设档》记载殿内设施含青斋殿一座，五间。

北次间靠方窗地设黑漆金花半圆桌一张，上设青绿双带耳彝炉一件（紫檀盖座玉顶）、古铜纹锦双管瓶一件（紫檀座）。方窗向东挂御笔"且娱心"匾一面。假门心贴张雨森画条一张。门口上贴御笔字斗一张。迎门向南贴御笔字条一张。南隔断壁上贴郎世宁画一张。门上挂春绸夹帘一架。西隔断内向南设楠木包镶床一张，上设白绿毡各一块、香色锦坐褥靠背二件、黄缎绣花卉坐褥靠背迎手一分，坐褥上设紫檀嵌三块玉如意一柄（双绿穗，珊瑚豆，玉圈一个）、竹边股黑面扇一柄（王际华字，兆丰画）、南漆盆一件、黑漆嵌螺钿小盒一对。壁上向西贴线法画一张。门上挂春绸夹帘一架。

北进间向西设楠木包镶床三张，上铺白绿毡各一条、绣米色坐褥靠背迎手一分（黄布面，黄纺绸里夹套一分）、黄缎绣金龙坐褥靠背迎手一分，坐褥上设紫檀嵌三块玉如意一柄（双蓝穗，珊瑚豆）、竹边股黑面扇一柄（王际华字，兆丰画）、南漆痰盆一件。床上设黑漆金花长方香几一件，上设青绿炉瓶盒一分（铜匙筋紫檀盖座玉顶）、《月令七十二候诗》一套、哥窑兽面瓶一件（楠木座），黑退光漆长方书桌一张，上设官窑水盛一件（铜匙紫檀座）、磁珐琅万年甲子图笔筒一件（乾隆款，内插抓竹木笔各一支，竹笔二支）、棕竹边股黑面扇一柄，钱维城字，邹一桂画）、黑石砚一方（黑漆款，玉匣盛）、青汉玉异兽笔山一件（紫檀座）、汉玉墨床一件（朱墨一锭，紫檀座）、龙泉釉行龙观音瓶一件（紫檀座）、《圣驾南巡恭记册页》一册。罩内南墙贴董邦达画条一张。罩外北墙设花梨琴桌一张，上设青绿出戟三足鼎一件（花梨盖座）、白地红花梅瓶一件（紫檀座）。迎门北墙贴沈映辉画条一张。门口上向北贴御笔字横披一张。向东设樟木包镶床三张，上设白毡一条。床罩上挂香色春绸幔一架。

明间靠北窗向南设紫檀边座三屏宝座一张，上设绣黄缎靠背二件、绿锦套一件，坐褥上设雕紫檀嵌三块玉如意一柄（双绿穗，珊瑚豆）、竹边股黑面扇一柄（王际华字，德昌画）、南供痰盆一件。地设紫檀足踏一件、绣黄缎套一件，左右设紫檀高方香几一对，上设雕红漆炉瓶盒一分（紫檀盖座玉顶）、宣窑青花撇口洗一件（紫檀架座）。假门心贴张雨森画条一张。方窗上向南贴御笔字横披一张。真假门口上向南贴御笔字斗二张。南嵌扇门两边向北贴御笔字条二张。

南次间东西地设梨花架几案二张,上设紫檀边镶自鸣钟一座、青绿螭耳蝉纹樽一件(花梨座)、《钦定书经传说汇纂》一部(四套)、青绿三喜辅耳盖鼎一件(紫檀座)、青绿铎钟一件(紫檀架)、古铜兽双面环络子樽一件(搭色木座)、《钦定春秋传说汇纂》一部(四套)。

南进间向北设楠木包镶床五张,上设白绿毡各一条、香色锦坐褥靠北迎手一分、黄缎绣金龙坐褥靠背迎手一分,坐褥上设紫檀嵌三块玉如意一柄(双香色穗,珊瑚豆)、竹边股黑面扇一柄(王际华字,兆丰画)、南供痰盆一件。床上设菠萝供案一对,上设《佩文韵府》一部(二十套)、青白玉笔山一件(紫檀座)、青玉水盛一件(铜匙紫檀座)、铜珐琅八角笔筒一件(乾隆款,内插抓竹木笔各一支)、紫檀边股半金面扇一柄(孔德宝字,张若澄画)、紫石砚一分(紫檀嵌玉匣盛)、成窑五彩磁盖樽一件(紫檀座)、《圣驾再幸江浙恭纪册页》一册、青玉墨床一件(红墨一锭,紫檀座)、豆青磁锦带瓶一件(花梨架座)、楠木提梁匣一对(内安黑墨二十四锭)、紫檀边雕象牙透花炕屏一座(计十二扇)、雕紫檀嵌玉人插屏一对。两边地设樟木刽凳二条(随红猩猩毡套二件,石青缎边刷)。门左右挂紫檀边嵌珠花旧绣挂屏一对。殿内随用洋磁香插一件。门上挂春绸硬板帘一架。外檐前后门上挂青缎边刷毡竹帘各二架。外檐向东挂"含青斋"匾一面(粉油蓝字,乾隆御笔)。向西挂"云容水态"匾一面(木地蓝字,乾隆御笔)。

含青斋始建工程建设状况虽未见详细记载,但中国第一历史档案馆"黄册"中有乾隆四十一年(1776)五月二十五日令含青斋地面铺墁工程返工的记载,这项工程应该是以"东安石铺墁地面,横竖皆对中铺墁",在施工时,却错误地"仅以面宽对中,进深未经对中",因此只好返工,进行了"逐块对花纹"。

中华民国年间,含青斋为驻寺单位租用,无人租用时为开放游览场所。

1953年,西山风景区管理所用资73582216元(旧人民币)整修了含青斋和寺内其他房屋,为碧云寺开放做了准备。

1954年,西山风景区管理处油饰了含青斋。

1956年,在孙中山诞辰90周年前夕,碧云寺进行全面修饰并将行宫院前厅及七间房油饰见新。

1964年12月1日,西山风景区管理处投资9000元挑顶修缮含青斋,1965年5月30日完工。

1966年,对含青斋北五间房挑顶装修。

碧云寺行宫院含青斋院内景观

1975年,在碧云寺再次全部开放前夕,西山风景区革命委员会投资1万元对行宫院含青斋等处进行油饰。

1980年,香山公园管理处投资1万元对碧云寺含青斋院内的房屋进行油饰,整砌了行宫院的水池。此后陆续维护,2006年进行了一次大修,并作为寺院内经营、展览用房。

水泉院

水泉院位于含青斋西侧,是一处以泉取胜的院落,也是一处绝好的游憩场所。在东西约104米、南北约25米的院落里,洗心亭、试泉悦性山房、弈棋台等建筑,清净心古洞,背依峭壁的龙王庙和涓涓不息的卓锡泉,还有浓荫拥翠、鱼影沉浮、峭壁如城的景致布设得井井有条。这些景点既可以独立,又可以相互连通,互为对景、借景,构成了极富情趣又具特色的园林景观,给人以步移景异的感受。

历史上,水泉院是非常受帝王雅士欣赏的。早在元代就有著名的碧云十景,其中"修竹欺霜、池泉印月、洞府藏春"三景就在水泉院里。

明清时期的水泉院,以泉之胜、景之幽、建筑之靡丽而形诸人们的笔墨。历代文献对该院情形进行了真切的描述,《宛署杂记》载:"卓锡之前,有一小亭,又前为小池,蓄泉水,布莲其中,延池松柏年久，状如虬龙，每岁夏，泉水流溢，荷花盛开，上下云烟，如坐天上。万历十四年（1586）驾至，爱之，为书'水天一色，苍松古柏'……泉前有御书沼堂。"《珂雪斋集》载："（卓锡）泉从石罅出，有声，石壁色甚古，亭曰听水佳处。泉绕亭而出，流于小池，种白莲百本，塘前稚竹嫩绿有致，竹旁有银杏二株，阴荫一亩。其左一洞若夏屋，泉复绕之而出，达于廊下。"可惜水泉院明代时的大部分建筑到清初都已不存在。清谈迁《北游录》载清顺治十一年（1654）八月，游览碧云寺："东北，其园卓锡泉，自石罅龙吻出。下注飞涛，监军御史吴阿衡题曰龙湫……中堂艺竹，俗曰黄金间碧玉……南亭之阶，镌二石枰，枰旁各刊诗，草书。又银杏树一，其大甲于西山。右藏花洞，以石室备冬者。"《天府广记》载：康熙年间碧云寺"岩下一泉汩汩，石渠导之，过斋厨，绕两廊，出殿两庑，左右折复于殿前石池。泉旁一柳有大瘿，人呼为瘿柳，柳左堂三楹，万历御题水天一色，前临荷沼，沼南修竹成林，岩下一亭曰啸云"。

乾隆十三年（1748）扩建碧云寺的同时，也对水泉院进行了修整，因而与明代时的景致有所不同，《日下旧闻考》详细地记载了碧云寺扩建后建筑设施的存废状况："……瘿柳左之堂及啸云亭今俱无考。水天一色匾已废……寺内泉源今从岩罅吐注，非螭口也……听水佳处亭无考，其左一洞若夏屋，洞屋今存……苍松古柏诸额今废……（碧云寺元二碑）元碑今废……碧云寺前石狮今存……今寺后冢域（建在寺后的明朝宦官冢域）已毁。"对水泉院添建的建筑物该书也做了记载："碧云寺北为涵碧斋……

为洗心亭，又后为试泉悦性山房。"

中华民国时期，水泉院之名泉胜景不亚于旧日，只是当时的陈设和部分建筑已不存在。《旧都新记》文载："旁有水泉院，小而幽，石岩有泉渗入小池，清响不绝，仍留作游人憩息之所，院中有银杏一株……又有一桑，其根茎为三株绞合而成颇具奇姿……位西有一个小庙，庙底下有水泉一。"忏龛在《西山之胜迹》中记载："别有一院，山石嶙峭，树木蓊蓊，复甃石为池，有泉自石隙流入于小渠，曲折达于寺前，泉旁旧有亭榭，柱石尚存，亭前为王仙洞（应为三仙洞）凡三穴……洞外有古柳一株，其杆大曲如弓，枝叶垂青，姿态绝佳。"

中华人民共和国成立后，香山公园派人对水泉院进行了多次修缮维护，1953年集中人力，初步对水泉院房屋进行了整修。1954年，投资6418750元（旧币）修整了水泉院北大墙，1956年又整修了水泉院的院内道路，使行宫院后部基本整修完毕。

1962年1月至1963年9月，西山风景区管理处投资1.6万元对水泉院内的三间房进行了挑顶修缮，并整理了水池、假山、石桥，铺砌了水泥方砖石台面（清建筑遗址）。

1965年5月3日至5月23日，西山风景区管理处投资3000元，勾抹粉刷水泉院南墙。

1972年，北京市园林局投资4万元，在水泉院新建7间房，建筑面积140平方米，以满足寺院用房。

1979年，在水泉院内建起了锅炉房，解决寺内冷饮站和职工用水问题。

随着游客不断增多,行宫院景区环境已不能满足游客需求,1980年整砌了行宫院的水池,1984年5月至11月,又用资6.1万元进行了水泉院景区改造,添建六角亭、复原清净心抱厦、重修260平方米甬路、复堆300立方米山石。

经过修缮,碧云寺水泉院景致更加迷人,澄清甘美的泉水灌养着风景区的湖池、树木;泉旁的太湖石叠山,窍穴千百,嵌空剔透,高低起伏,变化多端;瘦透漏皱的山石与亭、台、池、桥、洞连缀成趣,清雅幽美;峭壁上生长的数十株松树、颇具情趣的小虬柏、著名的三代树、清风中如相絮语的翠竹、玉簪、白玉兰等绽放的缕缕清香和淙淙流泉发出的悠扬琴乐给人以如入仙境般的感觉。

碧云寺行宫院水泉院

洗心亭 位于含青斋西侧水泉院内,清乾隆十三年(1748)在明代的啸云亭遗址上建。啸云亭为明代水泉院景观之一,文人陶允嘉记载了该亭的位置和名称:"(碧云寺)泉旁……柳左堂三楹……岩下有亭……人以'啸云'题之。"《帝京景物略》中交代了亭子是"填荷池,伐林苑所落成也"。该亭清乾隆年间已不存在,《日下旧闻考》载"……柳左之堂及啸云亭今俱无考"。乾隆二十年(1755)题诗云:"亭子山房侧,题檐号洗心。水周八面澈,竹护四邻深。空翠波间落,秋阳峰罅临。云栖同异处,明岁试重寻。"

该亭是寺院中建筑面积最大的单体亭,亭基为64平方米。是仿浙江云栖寺洗心亭建设的,为四角攒尖方形。乾隆四十七年(1782)以"洗心亭学云栖寺,一例临池四柱孤"的诗句说明亭子的形式。亭子建成后布置了很多陈设。向东设黑漆金花五屏风宝座一张,上设红白毡各一块、青缎坐褥一件(随葛布套)、黄缎绣金龙坐褥靠背二件,坐褥上设紫檀嵌三块玉如意一柄(双绿穗珊瑚豆,玉圈二个)、竹边股黑面扇一柄(王际华字,王炳画)。周围柁枋上挂御笔黑漆金字诗意匾二十二面。前檐向东挂"洗心亭"匾一面(黑漆金字,乾隆御笔)。

乾隆解释"洗心"二字说:"一曰克己复礼,天下归仁,即圣人洗心之谓也……释氏洗心之说,似与儒家扫尘之喻,有相贯通处。"然而亭子不知何时湮没,只留有亭基。

中国第一历史档案馆《黄册》档案对洗心亭东侧大墙、山石维修曾做记载:"乾隆四十三年(1778)七月初十,碧云寺洗心亭东边拆砌隔断院墙一段,这项工程与其他十几项工程共用银

碧云寺行宫院洗心亭遗址

四千九十六两九钱三分九厘。"另有无具体朝年记载"洗心亭拆砌大墙二段，长十四丈一尺七寸；洗心亭前拆葺院墙一道长七丈，随墙门口一座满换过木槛框；碧云寺洗心亭东边靠墙拆堆有碍太湖山石高峰三座，奏长五丈一尺，均高八尺五寸，拆宽五尺……洗心亭堆砌太湖石、山门外泄水沟东南沟帮包堆本山石，与樱桃沟水源处开创清理，实用工料银七百九十四两八钱一分六厘"。

碧照亭 清乾隆十三年（1748）扩建碧云寺时在洗心亭南侧堆叠的山石上兴建。乾隆皇帝于二十六年（1761）作诗《碧照亭》："六柱无十笏，崥崹上若骞。天池临澈底，古镜是轩辕。荇藻梳演漾，松竹影在裹。东坡张怀民，未免溷彼此。翠萝倚作屏，渌水开为鉴。上下映带清，著我虚舟泛。既澄息诸虑，惟虚含众妙。此意自古今，静者闲来照。"

碧照亭为六角形，面积为 13 平方米，亭于何时湮没不详。1984 年，香山公园在清代碧照亭亭基上复建亭子一座，题名为洗心亭。2017 年重制"碧照亭"匾额悬于亭檐。

清净心洞 也称藏花洞，位于洗心亭南侧墙壁，元代碧云十景中"洞府藏春"便指此景。元明时期冬季储花于古洞，《大复山房集》载"寺前有泉亭竹树……其西峭壁如城，有石室三，临涧石门石窦，盛夏可以避暑，冬则卉木藏焉"。清乾隆年间进行改造，在洞内陈列了佛像和菩萨像，布置了相应陈设。洞外修建抱厦，并赐名"清净心"，使其成为行宫御苑内一处供佛之地。清净心，意为菩萨在修成佛时，发愿要清净己心，教化众生，以便众生都能往生佛所居住的净土（即佛国）去。佛经说："得净土当净其心，随其心净，则佛土净。"因为洞内陈列佛像，后人也称其为"三仙洞"。

乾隆十三年（1748），"清净心"修缮完工后，又对其陈设进行精心布置，据中国第一历史档案馆档案记载：

清净心洞一座三间，洞内明间神台上供铜三宝佛三尊、琉璃石五供一分、汉白玉石香炉一件随青白石座，地铺红白毡二块。

碧云寺行宫院复建的碧照亭

西间神台上供铜文殊菩萨一尊,手持铜书一卷,足下安铜足踏二件、琉璃石五供一分。

东间神台上供铜普贤菩萨一尊,手持铜如意一柄,足下安足踏二件、琉璃石五供一分。墙上挂画像佛十五轴。洞门外向北挂"清净心"匾一面(粉油蓝字,乾隆御笔)。

在中国第一历史档案馆《黄册》档案中还记载了清政府维修清净心洞的工程:乾隆五十年(1785)十二月至乾隆五十一年(1786)六月,"清净心抱厦三间揭瓦头停,挑修椽望,拆去后檐墙,添安夹堂板,改做暗沟,泊岸上筑打灰土四步"。同时还记载了清朝无具体年代的修缮工程,"清净心抱厦三间,六方亭一座……揭瓦头停并拆砌虎皮石大墙,以及找补、油画、裱糊","清净心洞内添安青白石神台三分,配安白玉石炉座一分,以及油画、裱糊"。

碧云寺清净心洞内供奉的佛像

碧云寺行宫院1984年修复的清净心洞

清代如此多的陈设到了中华民国年间却都散佚。据1941年出版的《西山之胜迹》载："洞凡三穴，空无所有。"

1984年，香山公园管理处根据景区改造需要，修复了三开间的清净心卷棚式抱厦，并于1985年投资1.7万元，重新布置了清净心洞内的普贤、文殊菩萨像和三世佛像，复制"清净心"匾，恢复了清代景观。1988年又为清净心洞布置了缎子欢门和幡等陈设，另制木洞门两扇，并为两个圆窗安装碎冰纹木窗棂。

弈棋台 在碧云寺水泉院南侧峭壁上，汉白玉制，周围环以栏板、望柱、堆叠假山，造园手法与众不同。传说金章宗曾在此与寺院僧人对弈，所以有弈棋台之称。清代称该台为钓鱼台，中华民国时期文物调查有"清钓鱼台一座"的记载。

试泉悦性山房（又称境与心远） 位于洗心亭西侧，是清乾隆十三年（1748）建造行宫时在明代"听水佳处"亭基上建造的，

碧云寺行宫院弈棋台

明人袁中道有"泉从石罅出,有声……亭曰'听水佳处',泉绕亭出"的记载。在此品茗听泉,如入清凉世界,故王西樵有"最爱泉上亭"的诗句。该亭湮没于清代,《日下旧闻考》载:"听水佳处亭今无考。"

试泉悦性山房建成后,成为皇帝贵族游览、品茗、听泉、赏景之所,故乾隆皇帝进行精心布置。第一历史档案馆档案记载陈设:境与心远一座,三间。

明间靠南墙向北设竹丝格一对(随几一件),内设文竹三阳开泰陈设一件(乌木座)、文竹宝月瓶一件,内供花二枝(乌木架座)、文竹有盖提梁卣一件(乌木架座玉顶)、文竹海棠盆景一件(乌木座架)、文竹双管瓶一件(内插桃花一枝,乌木座)、文竹盘一件(内盛文竹香橼一件,乌木座)、文竹花盆景一件(乌木座)、紫竹山子文竹虎耳草一件(乌木座)、文竹云龙方瓶一件(内插梅花二枝,乌木座)、文竹鼓式盆景一件(乌木座)、文竹文王有盖四足鼎一件（紫竹盖玉顶乌木座）、文竹枸杞一件（乌木座）、文竹盆景一对（内插紫竹，乌木座）、紫竹山子水仙盆景二件（内栽花二枝）、文竹花觚一件（内插绣球梅一枝，乌木座）、文竹碟一件（内盛佛手一个，乌木座）、文竹蓍草瓶一件（内插玉兰一枝，乌木座）、文竹渣斗一件（内盛海棠花一枝，乌木座）。

南间设黑漆金花两刌团圆桌一张，上设锦套一件、宣窑青花白地有盖矮足豆一件（紫檀座）、文竹都盛盘一件（上设文竹图章盒一件，内安文竹图章三件）、文竹方笔筒一件（内插棕竹边股半金面扇一柄、竹笔二支）、雕文竹插屏一件、文竹银里水盛一件、竹匙文竹笔架一件、文竹银里印色盒一件、文竹墨床一件、朱墨一锭、紫石砚一方、文竹匣盛文竹镇纸一件、哥窑镶铜口靶碗一件（紫檀座）、青绿双环圆洗一件（紫檀座）、青汉玉灵寿靶壶一件（紫檀座）、紫檀长方无盖匣一件（内盛拂尘四件，紫檀嵌汉玉靶二件，犀角嵌汉玉靶二件）。桌下周围设黑漆金花椅八张，上设锦垫八件。靠南窗设鸂鶒木边竹柜一件、黑漆描金高香几一

竹丝格，是把竹子经过卷节、剖竹、起间、开间、劈篾、劈丝、抽丝等工序劈成细如针锥的竹丝加以染色，排列成图案装饰的格子。图片源自故宫出版物

对，上设竹炉一件、银冰盆一件（随银屉，重十三两三钱，盆重十两一钱，银舀子一件连把儿重七两六钱，纱布漏子二件）、铜方圆屉子二件、铜簸箕一件、铜铁镊子各一件、铜竹筷子各一副、铜底板一件、万窑红水青海马茶盅一对（各随描金木盖顶嵌玉商银里紫檀描金双圆茶盘盛）、宣窑青花莲子茶图二件、宜兴茶窑四件（内盛茶叶）、宣窑宜兴茶壶三件。东西地设斑竹绣墩四件（锦垫四件）。横楣上向东贴御笔"试泉悦性山房"匾一面。门上向东挂御笔字横披匾二面。

北间靠西窗设楠木包镶床一张，上设红白毡各一条、藤席一领、雪花锦坐褥靠背迎手一分、黄缎绣花卉坐褥靠背迎手一分，坐褥上设紫檀嵌三块玉如意一柄（钱汝诚字，王炳画）、南漆痰盆一件、绢画宫扇一柄、玉靶刀一把（牛皮鞘嵌银）。床上设文竹嵌玉冠架一件、豆瓣楠心长方香几一件，上设青绿炉瓶盒一分（紫檀盖座嵌玉铜匙筋）、蓝漆五彩小盒一对、《御笔雕漆器诗册页》一册（紫檀壳面）、铜架表一件（随玻璃罩）、紫檀书桌一张，上

竹炉、宜兴茶壶、竹炉具等茶器（资料源于《茶韵茗事》），此为北京故宫收藏

设汉青邬鱼笔架一件（紫檀座）、官哥窑水盛一件（白玉匙紫檀座）、青绿素花觚一件（内棕竹边股白面扇一柄，梁诗正字，邹一桂画，竹笔二支，紫檀座）、盛京石盒砚一方（盖嵌玻璃）、白玉墨床一件（随朱墨一锭，紫檀座）、青玉花插一件（紫檀座）、蒋溥画《果品册页》一册（花梨壳面）、《圣驾临幸翰林院礼成恭纪册页》一册、《圣驾东巡册页》一册（钱淇、陈耀昌、胡溶、杨尚林）。西窗上挂御笔字横披匾一面。槛柱上挂御笔字挂屏一件。南柱上挂御笔字挂屏一件。西窗上安素玻璃一块。地铺凉席一领。迎门南设紫檀商丝镶铜牙三屏宝椅一张，上设绣黄缎垫一件、紫檀嵌三块玉如意一柄（双香色，珊瑚豆）、竹边股黑面扇一柄（刘纶字，王炳画）、南漆痰盆一件。靠北窗设紫檀边座玻璃映景插屏一件、松花石磬一件（榆木架座）、青绿诸葛鼓一件（随黄绿络子套鼓槌一件，楠木架座）。靠东窗设紫檀商丝镶铜牙琴桌一张（上设盛京石琴一张，玉足）、大基一分（黑漆金花匣盛）、黑白琉璃子纸棋盘一件、《古香斋鉴赏袖珍四书》一套、《春明梦余录》一部四套、五经一套、《初学记》二套、《施注苏诗》二套。桌下设黄铜地壶一件、彩漆竹筹十二支。东西横楣上贴御笔字横披二张。门上挂石青缎边刷雪花锦硬板帘一架。殿内随用铜火盆一件（黑漆座）。外檐前后门上挂青缎边刷毡竹帘各二架。殿外地铺黑毡一块。殿外前檐向东挂"境与心远"匾（绿地蓝字）。向西挂"澄华"（黑漆金字）。

乾隆在《试泉悦性山房》诗中曰："德水堪方性，澄淳见本初。每来试汲绠，便以拟浇书。五字片时就，千峰一牖虚。松门章奏鲜，适可悦几余。"道出了该处之意境。《日下旧闻考》对该处题额做了记载："试泉悦性山房，檐额曰境与心远，后檐额曰澄华，是为泉水发源处。"该建筑湮没年代不详。

1962年，公园管理处整理了试泉悦性山房石基，并铺砌了水泥方砖石台面，面积为121.5平方米。

卓锡泉 紧邻试泉悦性山房，《佛学辞典》解释"卓锡"为："锡者锡杖也，僧人所持卓者拄立，故谓僧人居处为卓锡（'锡杖'释为：锡者，意取锡作声，鸣杖、锡杖任情称……头上唯有一股铁卷，可容三二寸，安其铐管长四五指，其竿用木，粗细随时，高与肩齐，下安铁纂，可二寸许，其环或圆或扁）。"

碧云寺泉出自庙后石罅中，潺潺有声，为自然流泉，元代起就以"卓锡"之名，也称水泉，曾有"此水从何至，涓涓昼夜流。绕松生翠色，灌竹长清幽。能解三旬暑，还生六月秋。碧云天上寺，高耸拱神州"的诗句赞美泉水清纯甘美。还用"月皎寒空池碧澄，池中天上两轮明。古今日月无私照，只恐渠侬水不清"描绘碧云十景中"池泉印月"的景色。明代时卓锡泉名声更响，《长安客话》载："引自寺后石罅，罅嵌以石兽，泉从兽吻汩汩喷薄入小渠，人以卓锡名之。"朱长

碧云寺行宫试泉悦性山房遗址

春《西山游记》中记载了碧云寺泉水流经途径:"……池之水盘折而流其下,㳇地而至玉泉出焉,其上且隐且见。经殿北涧复㳇殿下出,有洞,又㳇落池。其源至远出者,当寺后山之高壁云。"清乾隆皇帝御制《玉泉趵突》中也说"西山泉皆之㳇流,至玉泉山势中豁,泉喷跃而出"。

清代,康熙皇帝到碧云寺留下《碧云寺临泉望月诗》。乾隆皇帝修建碧云寺行宫后,常到水泉院试泉,并把卓锡泉水与天下第一泉——玉泉山之水进行比较:"京师玉泉之水,斗重一两;塞上伊逊之水,亦斗重一两;济南之珍珠泉,斗重一两二厘;扬子金山泉,斗重一两三厘,则较之玉泉重二厘或三厘矣。至惠山、虎跑,则各重玉泉四厘,平山重六厘,清凉山、白沙、虎丘及西山碧云寺,各重玉泉一分。"乾隆三十九年(1774)在碧云寺《试泉悦性山房》诗注中说:"碧云寺水较玉泉山之第一泉品固稍逊,然汲以烹茶味极清冽,亦玉泉之次也。"因为水质好,乾隆每次到水泉院都在此品茗、赏画。尤喜张宗苍的画,乾隆曾以13首题诗表达他对张宗苍画作的欣赏。

历史上卓锡泉在北京西部占有非常重要的地位,元朝初年就引玉泉山之水入河坝,导引玉泉山西北几十里范围内的泉水,汇入西湖,即昆明湖。乾隆三十七年(1772)夏,山洪暴发,西郊山水势因无处可泄,决堤淹村,沿现南旱河一带几近汪洋。清政府于次年奉旨建石渠引西山之水入玉泉,修塂玉渊潭。在香山新开引河,将碧云、卧佛两寺一带的山水引入广润庙,再下泄玉泉山水注入玉渊潭,又于下口建闸,蓄泄湖水,合引河水由三里河达阜成门护城河。文献记载，乾隆年间两次导引香山、碧云寺、卧佛寺等西山泉水汇入玉泉，以补充水源之不足。但是，乾隆四十八年（1783）十二月，碧云寺卓锡泉枯竭，次年三月，园丁匠役将山石拆开，淤泥渣土全行出净，究不能得水。乾隆得知后传谕定郡王绵恩会同内务府主管御苑官员金简带领营汛园庭官员前赴履勘。15日后得报：泉水不畅，实系淤塞，深挖六尺，水即涌下，并加疏导。然而，疏浚畅流之后的第12天，碧云寺官员又报"泉水不见增长，且消去一尺有余"。乾隆又命军机大臣等前往履勘，复行疏浚，在下刨二尺时，见石块、油灰、麻刀堵塞泉口之内，剔取后，泉水畅流。为澄清缘由，乾隆派六阿哥质庄亲王会同绵恩、金简彻查此案。数日后得：因泉水上游开挖煤窑，窑商韩承宗等误将泉路刨断造成。乾隆当即降旨"已开之窑封闭不能得利，令该商户等将来源修治……赔修引沟"。主管碧云寺的官员"姚良、福善、明庆等俱著革职锁拏"。

乾隆曾在碧云寺试泉悦性山房赏张宗苍山水画并题诗13首

中国第一历史档案馆《黄册》中还有清代修缮碧云寺水沟的记载:乾隆四十八年(1783)七月至乾隆四十九年(1784)正月,"山门外东北面拆砌虎皮石泊岸,长五丈四尺。南面墙外拆修二孔涵洞一座,添补大料石并装板。拆砌虎皮石金刚墙,长三丈七尺,沟墙七丈,地脚创筑灰土五步"。另有修碧云寺至静宜园外月牙河引水沟的记载:"碧云寺南墙内至静宜园宫门外月牙河引水沟一道,通长二百五十六丈九尺二寸。内明沟六段……墙下暗沟三段……通计净销工料银一万六千五十八两六分五厘。"

中华民国年间,卓锡泉水量已大大减少,而仍旧供寺内外民用及灌养植物、灌溉湖池。1932 年扈先哲《游碧云寺记》文载:"位西有一个小庙,庙的底下,有小泉一,离泉口尺余,用铁管把此泉分送到各住户家去了。"1943 年鲍文蔚《西山文札》载:"碧云寺里的泉眼也只成了一条细线,滴滴沥沥,如一串珠子,水量不足,养不活东西,连寺内的小松也干死好几株了。"

1952 年,中央人民政府革命军事委员会技术部在移交碧云寺房屋时将该时期碧云寺唯一的"水道设备"一台压水机一并移交。

1961 年 6 月,香山管理处拟在碧云寺安装水泵,请示北京市园林局,7 月,市园林局同意并指示"投资由你处年度零修费内列支"。年内,翻建北路水系 2150 米,并越过两座小山、三道山沟,把碧云寺卓锡泉引到香山灌溉菜田,修缮饮水系 1300 米,扩大了香山地区水源。

1963 年,西山风景区管理处投资 1.5 万元在碧云寺水泉院内修了两个蓄水池。

为解决香山北部的用水问题，1965年2月至3月，西山风景区管理处投资1.2万元完成了碧云寺至香山的给水工程。

1966年，由北京市打井队在碧云寺塔院外南边打了一口深约150米机井，日出水量3吨左右，解决了香山地区的用水问题。这口井的投入使用，密切了香山公园与当地居民之间的关系。

1975年到1976年间，耗资3万元，进行了碧云寺至香山公园静翠湖的明管引水工程，解决了香山公园内眼镜湖、见心斋、静翠湖几个景点的池湖用水和绿化用水。

由于四季青公社以灌溉农田为由，不断地从井内大量取水和严重的自然旱情，1981年香山公园、碧云寺出现"池湖变为沼泽，花草树木干旱严重，部分幼树干旱死亡"的局面。北京市人民政府投资2万余元，在碧云寺后修建百吨消防蓄水池一座。

1984年，香山公园从北京市园林局得到10万余元拨款在碧云寺后选址打了一口日出水量480吨、井深207米的深水井，彻底解决了香山公园、碧云寺及周边住户的用水困难。从此涓涓细流重新畅快喷涌。

1987年，在碧云寺内修建消防水系配套工程，建起250吨水库一座，铺管线1150米。在碧云寺南墙外建一座18平方米泵房和一座25平方米过滤池，投资11.9万元。次年，碧云寺内又添建36平方米过滤池一座。

1989年，投资3万元进行了水泉院至静翠湖1000余米水线整修工程，经调整，碧云寺的卓锡泉水的流经路线为：水从寺后流入水泉院龙王庙前水池，经洗心亭石基周围的水池，至含青斋

2006年清理出的碧云寺含青斋院明水渠　　2006年清理出的碧云寺大雄宝殿院历史沟道

院中水池，入大雄宝殿前的金鱼池，然后流出碧云寺入香山公园，过眼镜湖西山坡，少部分入眼镜湖，大部分至见心斋，又经过宗镜大昭之庙前方池，再往南至韵琴斋，绕山坡至勤政殿南侧山坡，从瀑布山石处下注水池流入东宫门内的月牙湖，向南导入静翠湖，然后流出香山东宫门，入宫门外石桥下方池，沿泄水沟东流。

1992年，完成了碧云寺水源处200米水管铺装及安装绿化专用水箱、建铝合金泵房工程。次年，又为碧云寺花圃安装40米上水管和147米下水管。2006年维护碧云寺时，维护疏通了卓锡泉引流到含青斋前水池、再引流至大雄宝殿前放生池、导入山门外的明暗水道，局部明水线再现了泉绕寺流的历史景象。

龙王庙　位于碧云寺行宫的最深处，传说龙王是统领水族、掌管兴云降雨王，旧时迷信的人向它求雨，故为它建庙宇。碧云寺龙王庙建于清乾隆年间（1736—1795），虽然仅有一个自然间，但当时的陈设却很精整。

据中国第一历史档案馆中嘉庆三年（1798）陈设记载：

龙王庙一座一间，靠后檐向东神台前设红油供桌一张，上供磁宝瓶一件、锡供托五件、铜珐琅五供一分随铜镀金莲花紫檀座。地设红毡一块，左右柁枋上挂彩漆方纱灯一对。外檐门上挂帘刷一件。

中华民国年间（1912—1948），龙王庙外已无陈设，仅见"位西有一个小庙"的记载。而龙王庙的大修工程，则是在碧云寺开放的前一年（1953）进行的，西山风景区管理所组织人力进行龙王庙挑修。修缮后其形式为硬山结构，面积为 19.5 平方米，该工程与寺院其他工程合用资 73582216 元（旧人民币）。1984 年，对行宫后部改造的同时，又对龙王庙进行维修。2016 年再次维护修缮龙王庙，重塑龙王像一尊。

碧云寺行宫的龙王庙

纪念圣地

1925年3月12日,孙中山在北平逝世后,进行了防腐手术、公祭等活动。4月2日,灵榇移往碧云寺。1929年,南京陵墓建成。5月26日灵榇发引,经津浦铁路至南京,6月1日安葬于紫金山中山陵。

孙中山纪念堂

孙中山纪念堂设在碧云寺的方丈院大殿,因该殿在1929年奉移期间停放过孙中山灵柩,做过祭堂,被辟为"总理纪念堂"。纪念堂居正中,三开间,堂内置孙中山遗像,像前放置花圈。

1952年,西山风景区管理所接管碧云寺后,多次整修纪念堂。1954年,因纪念堂年久失修,房屋漏雨,地基下陷,木料糟朽,西山风景区管理所制订了彻底拆修、油漆彩画的计划,并于当年2月9日至年底,投资19.5万元进行了一次大规模整修,在纪念堂前院围砌了扶手墙、南北拐角房安装了台阶及纱门纱窗,修缮纪念堂后院台阶、甬路。纪念堂门外,悬挂宋庆龄亲笔书写的"孙中山纪念堂"红地金字匾额;堂内安置新塑的孙中山半身石膏像,像背后衬以巨大的红漆雕花屏风,南北两侧墙上镌刻孙中山临终前留下的《致苏联遗书》的巨型大理石金字壁碑,铭曰:

苏维埃社会主义共和国大联合中央执行委员会亲爱的同志:

我在此身患不治之症。我的心念此时转向于你们,转向于我党及我国的将来。你们是自由的共和国大联合之首领。此自由的共和国大联合,是不朽的列宁遗与被压迫民族的世界之真遗产。帝国主义下的难民将藉此以保卫其自由,从以古代奴役战争偏私

孙中山纪念堂北墙《致苏联遗书》部分内容

为基础之国际制度中谋解放。我遗下的是国民党,我希望国民党在完成其由帝国主义制度解放中国及其他被侵略国之历史的工作中,与你们合力共作。

命运使我必须放下我未竟之业,移交与彼谨守国民党主义与教训而组织我真正同志之人。故我已嘱咐国民党进行民族革命运动之工作,俾中国可免帝国主义加诸中国的半殖民地状况之羁缚。为达到此项目的起见,我已命国民党长此继续与你们提携。我深信你们政府尔必继续前此予我国之援助。亲爱的同志！当此与你们诀别之际，我愿表示我热烈的希望，希望不久即将破晓，斯时苏联以良友及盟国而欢迎强盛独立之中国，两国在争世界被压迫民族自由之大战中携手并进以取得胜利。谨以兄弟之谊祝你们平安！

一九二五年三月十一日

殿内北侧，陈列着苏联政府赠送的玻璃盖钢棺及钢质镀镍外盖（此棺于1925年3月30日送到，而当时孙中山遗体已入殓。过去一度讹传为水晶棺）。殿内南面陈列孙中山遗著、遗墨。该工程用工25413.5个，由园林处计划设计科设计，由私营敬胜营造厂承修。1955年，西山风景区管理处将孙中山纪念堂两侧厢房辟为介绍孙中山生平的展室，北面第一展室展出66幅孙中山从青少年时期到二次革命失败时的史实照片，南面第二展室展出74幅孙中山从1915年至北上逝世的革命事迹照片。图文简单扼要，形象真切地介绍了孙中山的一生。纪念堂院内种植白皮松、桧柏和七叶树，均为具有纪念意义的常青树，整座院落格外庄严静穆。1956年11月12日，孙中山纪念堂以崭新的容颜迎来参谒人群。

1963年，西山风景区管理处投资3500元整理孙中山纪念堂环境。1971年因故关闭。1977年10月1日重新开放。

1990年3月，高2.8米孙中山汉白玉坐像换安在原半身石膏像处。

如今，孙中山纪念堂面貌如新，参谒的人们无不被孙中山全

孙中山纪念堂陈列的遗著、遗墨　　碧云寺孙中山纪念堂展室外景

心全意地为改造中国倾注了毕生精力,鞠躬尽瘁,死而后已的精神感动。

孙中山先生衣冠冢

孙中山先生衣冠冢是1929年5月25日,在停灵的西山碧云寺金刚宝座塔建立的。衣冠冢内安置着孙中山逝世时所用的楠木棺,棺内摆放着重殓时换下来的大礼服及大礼帽等物。塔龛东西两个券门均用石料封闭。东券门上有大理石面铭一方,上面隶书"孙中山先生衣冠冢",旁边小字是"中华民国十八年六月上,胡汉民敬题"。冢外有孙科所制的大铜门,门外有迎榇专员建立的奉移纪念碑,碑文是:"中华民国十八年五月二十六日,森、洪年、铁城奉命赴西山碧云寺恭移总理灵榇,六月一日安葬于南京紫金山,特派迎榇专员林森、郑洪年、吴铁城谨立。"后大铜门和纪念碑均去向不明。

孙中山先生衣冠冢建成后,南京国民政府在碧云寺设立了"国父衣冠冢留守办事处"(以下简称"留守处"),并命南京国父陵园管理委员会(以下简称"陵委会")负责留守处的工作。陵委会派谭惠泉(自留守处成立到 1954 年一直担任守护工作)担任留守处的管理员,马湘为卫队长(何时离开留守处不详),马杰魁(1946 年 1 月参加留守处工作)为助理员,共同负责看守孙中山先生衣冠冢和孙中山纪念堂,兼招待参谒衣冠冢的来宾及进行清洁工作。

1948 年 12 月,中国人民解放军奉命保护碧云寺。1952 年 10 月 18 日,北京市人民政府公园管理委员会接管碧云寺,孙中山纪念堂、衣冠冢及留守处一并接收。公园管理委员会在碧云寺成立西山风景区管理所,留守处的职员被收为管理所正式职工。同时,保留孙中山纪念堂和孙中山先生衣冠冢,取消留守处。寺院开放后不久,按上级要求将孙中山衣冠冢上国民党党徽抹去。

胡汉民题写的孙中山先生衣冠冢

大型维修与展览调整

中华人民共和国成立后,为保证拜谒活动有安全舒适的环境,公园不断进行维修,仅大型维护修缮调整就有四次。

第一次维修是为纪念孙中山逝世 30 周年。1953 年,孙中山夫人宋庆龄提出建立孙中山纪念堂的要求,经中央人民政府批准,整修了碧云寺金刚宝座塔,加固了孙中山衣冠冢券门,1954 年 2 月 8 日,由北京市园林处计划设计科设计的碧云寺孙中山纪念堂修缮工程开工,工程投资 19.5 万元。中央民革将孙中山纪念堂两侧拐角房布置为展室,门楣增加了宋庆龄亲笔题写的"孙中山纪念堂"红色横匾,两侧配殿布置为休息室。1955 年 3 月 12 日,维护一新的孙中山纪念堂揭幕。

第二次维修和展览布置在 1977 年 6 月至 8 月。在中共中央统战部童小鹏,中共北京市委王笑一、王昆仑的关注下,投资 3 万元油饰孙中山纪念堂,并恢复孙中山纪念堂及展室原展品设备。但由于 1971 年"江青反革命集团"的破坏,孙中山纪念堂及碧云寺被封闭。1976 年 10 月,粉碎了"江青反革命集团"后,碧云寺孙中山纪念堂经过维修才于 10 月 1 日重新开放。当年的 11 月 12 日,是碧云寺孙中山纪念堂重新开放后迎来的第一个孙中山诞辰纪念日,前往瞻仰的各界人士有 2500 人。

1990年3月10日，由北京市精艺雕塑厂承制、全国各地中山业余学校敬献的高2.8米孙中山汉白玉坐像换安在孙中山纪念堂原半身石膏像处，民革中央在纪念堂举行了隆重的揭幕式。

第三次维修和展览调整是在1998年7月。由北京市园林局投资30万元、民革中央投资3万元，香山公园组织实施的碧云寺孙中山纪念堂重新布展工作开工。此次完成院落维修铺装、更新孙中山纪念堂横匾及正厅内两侧铜栏杆、地毯、接待室陈设外，还对原展室进行补充调整，以提高展览档次。展览内容由前言、活动示意图、灵榇移至碧云寺行列图以及151张照片资料组成，其中，在碧云寺孙中山纪念堂内首次展出的图片73张、手迹6幅。11月11日工程结束。

当年，香山公园被北京市人民政府台湾事务办公室确认为北京接待台湾同胞窗口单位。

2001年4月2日，香山公园在孙中山纪念堂南配殿开设音像室，循环放映《孙中山奉安大典》。

2011年，逢辛亥革命百周年，公园做第四次大型调整，10月，重新布展的孙中山纪念堂及展室以全新的面貌迎接参观者。

文化逸闻

碧云寺历史逸闻很多,有些已成为寺院发展过程中不可或缺的事件,有些则无足轻重,不值一提。作为文化逸闻,这里所记录的一切都是和碧云寺文化关系密切、产生一定影响、具有一定意义的事件。比如设立碧云寺维持会、成立西山天然疗养院、筹建北京中法大学等。

历史上碧云寺是一座"阔绰"的寺院。中国第一历史档案馆档案记载:"碧云寺有煤窑5座、田地50余亩,为僧人管业以作香火之资,如此则年久残坏寺宇得以重新,而僧众各得其所,香火永远有赖矣。"中国第二历史档案馆资料记载碧云寺有"山场全部二十余顷,煤场村前后地基及平地五十余顷"的寺产,无论怎样利用寺产都是可以维护寺院的。

中华民国时期,寺中僧人除有煤窑、山场、田地这些固定资产外,还有房租、香资等多种收入。

但僧人并未把收入用于寺院的维护。由于年久失修,寺院房屋破烂、荒草铺径。据俄罗斯作家瓦西里·米海伊洛维奇·阿列克谢耶夫《在旧中国:1907年旅行日记》"碧云寺一游"记载:"由于天气不好,房顶到处都腐烂了,大厅飞檐上复杂别致的图案装饰也断了,掉下来了——这一切都堆在地上,掉在塑像的身上,到处都是,没有人收拾,也从来没有人收拾过。格墙上糊的纸千疮百孔,灰尘从孔中毫无障碍地钻进来……于是委托给和尚们管理的艺术纪念碑(指寺院)就出现荒废不堪的景象:房顶腐烂了,柱子和墙壁歪斜了,到处坑坑洼洼,积满了水,大理石巨石倒下来了……"寺中的展品也被僧人弄得越来越少,中国第一历史档案馆"全宗档陈设类"记载统计,咸丰十年(1860),碧云寺各殿陈设合计754件、书籍经卷741件、库存164件,总计1659件,其中各类佛像161尊。而在1923年调查中显示"碧云寺存红油供桌等83件"。1929年至1934年期间北平特别市名胜古物调查中,仅查得碧云寺古物有"石塔一座、石碑数座、黑玉佛一尊、楠木罗汉五百零八尊、清钓鱼台一座、松柏树百余株"。

设立碧云寺维持会

碧云寺维持会酝酿于 1917 年。由于当时全国各地纷纷提出"寺产兴学"的要求,碧云寺住持聚林(法号妙钟)在李石曾的游说下,也产生了借学界人士力量,用寺产办学的机会对已经严重失修、大部分建筑"腐朽已甚"的碧云寺进行一次大修的想法。

1918 年,住持聚林以"碧云寺为著名古迹,在文化上关系綦重"为由,约集各界热心文化人士,将自己的打算告诉他们,希望得到热心公益事业的慈善家赞助,从而把碧云寺重新整修一番。以李石曾(清末内阁大学士李鸿藻之子,1881—1973,河北高阳人,原名李煜瀛,字石曾。笔名真民、石僧等。1902 年留学法国,1909 年在巴黎创办豆腐公司。1920 年在碧云寺创办北京中法大学,1928 年创办中央研究院,1929 年创办北平研究院,同年出任故宫博物院理事长,1956 年后定居台湾。)为代表的北京学界同人便同碧云寺住持聚林商量,发起了碧云寺维持会。当时任步军统领的李长泰亲自莅会"大会开成,以示提倡"。

维持会发起后,"将碧云寺内残破者加以整理,倾覆者逐渐重修,典租各房地出资赎回,其他的殿堂、塔、亭等有关佛教及美术之建筑,皆力为保全",但条件是:寺内"其余的房屋均作为慈善及文化事业之用",寺外"山场全部及若干平地千亩,煤厂村地基等项,为尽先创办文化之用"。

此后碧云寺便陆续迎来了西山天然疗养院、中法大学、陆谟克学院乙部、西山中学、农林试验场测候所等文化单位入驻。

这种利用寺院办学或其他文化事业的措施,当时得到各官厅嘉许,被誉为"保存古物之中又兼有办理国际文化之性质"的先进措施。

碧云寺虽然进驻了院校单位,但依然对游人开放。只是"屋内不准游人入内,院中各处不禁游人",故又被当时人誉为"深得古迹公诸世人之旨"。

成立西山天然疗养院

碧云寺林木幽深,空气新鲜,又远离闹市喧嚣,极为适合养病,故而1918年,李石曾便以"慈善"名义在碧云寺成立了西山天然疗养院(简称"疗养院"),后来疗养院成为中法大学的组成部分。

疗养院主要占据寺院的禅堂院、水泉院以及寺外西南部庙产。1921年6月,周作人养病就住在禅堂院,他在《山中杂信》记载:"水泉四面的石阶上,是天然疗养院附属的所谓洋厨房。"为便于治疗,在碧云寺南门外西南侧还有法国人开的医院。錬人在《西山游记》中记载"碧云寺甚近,出四合门(现索道北门处)可到。余等随

碧云寺西山天然疗养院医院

谈随行,转瞬见新式建筑,绵亘山际,又不免为山惜也。新式房屋系法人所建医院(现碧云寺花房的两栋四方形、四坡顶、西洋式门窗建筑)"。

疗养院设院办公室、院长室、诊疗室、药房、总务、厨房等,占房十余间。由于慕名而来的病人越来越多,1925年以后,疗养院又将碧云寺的藏经阁上下十八间作为疗养院的病房。为扩充规模,1925年10月,在杨冠如(花鸟画家)、常朗

原碧云寺西山天然疗养院医院现状

斋（北京警察厅长）的撮合下，中法大学租下玉皇顶静福寺作为疗养院养病房。

筹建北京中法大学

北京的中法大学是在留法勤工俭学运动中酝酿的，也是在法文预备学校基础上发展而来的。

1912 年 5 月 26 日，李石曾、蔡元培等在北京安定门内方家胡同路北的顺天高等学堂成立"留法预备学校"，招收学生 60 余人，校务由齐如山主持，法国籍汉学家铎尔孟担任法文教授。不久之后教育部把广化寺的京师图书馆迁到"留法预备学校"校址，学校便迁至宣武门外储库营四川会馆，又因警察干扰，"留法预备学校"被迫停办。

1916 年，法国政府向中国招工，当时万名华工抵法，李石曾随之赴法，拟组织"华工俭学会"，后经与蔡元培、吴稚晖及法籍学者欧乐教授、众议院议员穆岱等商议，成立了"华法教育会"，蔡元培为会长，李石曾为书记，同时在法国建立了各种华工学校。

1917 年春，李石曾回国，时任北京大学校长的蔡元培聘请他为生物学及社会学教授。李石曾边教学边筹建法文学校。

1920 年，李石曾、蔡元培、吴敬恒利用庚子赔款在碧云寺创办北京中法大学。李石曾为北京中法大学董事会董事,蔡元培为校长。董事和常务董事中各包括一名法国人:贝熙业和铎尔孟。《历史上的中法大学》还记载了学校使用房屋的情况:"学校不占用碧云寺正殿,正殿仍由住寺僧人做佛事活动,只把配殿改造成教室。配殿里的泥胎神像被移出,把糊纸的门窗花棂拆掉,改成镶嵌玻璃的大方格窗棂。墙壁刷上石灰水,四壁洁白,室内明亮。一面墙上刷上黑黑的锅烟子,就成了黑板。殿内的神案等木器,拆开后加工制作成长条形课桌和板凳……"

中法大学学制与当时国内的其他大学不同,它是在中国学制基础上采纳法国学制之所长,大、中、小学校并立,学校分部远及数十里,以至国外。法国里昂中法大学就是在蔡元培、李石曾等人努力下建设的。中国在海外建设大学开辟了中国教育界新纪元。

北京中法大学开办不久,就开始扩大规模。1921年,在碧云寺门外煤厂村28号办附属小学——碧云寺小学;1922年起,筹建了陆谟克学院(陆谟克是法国生物学家);1923年4月,又租赁了碧云寺下院——北京地安门外的吉祥寺庙房作为西山中法大学分院"北京法文专修学校"的校舍,据中国第二历史档案馆档案记载"西山中法大学又在城内地安门碧云寺下院吉祥寺开办分院,寺内悬北京法文专修学校牌匾";10月,又把校园推至山后温泉,在京西环谷园成立温泉中学校。当年蔡元培辞去中法大学校长职务,李石曾即以董事长兼代校长。1924年在京西温泉成立温泉女子中学。

中法大学改造碧云寺天王殿留下的痕迹

北京中法大学首批毕业生是1924年7月毕业的,共39名,北京市档案馆至今还藏有中法大学1924年学生毕业证书存根及未领取的毕业证书。

1925年,位于东黄城根北街39号的中法大学新校舍建成,李石曾及其他校董一道对北京的中法大学进行校舍调整和重新命名。将碧云寺内的北京中法大学移至东黄城根北街39号,改名为中法大学服尔德学院(服尔德是法国著名文学家,生于1694年,卒于1778年,对中国文化

中法大学学生在碧云寺含青斋前合影

颇为了解，因而取服氏为文学院之名）；陆谟克学院分成甲乙两部，甲部设在城内，乙部设在碧云寺；西山天然疗养院进行扩充，将玉皇顶静福寺作为西山天然疗养院的重病室；碧云寺下院的吉祥寺西山中法大学分院"北京法文专修学校"改称居里学院（居里为法国化学家，夫妇俩为巴黎大学教授、发明镭质放射物）；碧云寺中法大学校址辟设为中法大学西山中学。

中法大学之陆谟克学院 李石曾

1922年中法大学使用的碧云寺房屋

在碧云寺办学看重的是这里的生物资源。1922年5月8日，他找到碧云寺住持聚林，以修缮寺院古迹、方丈为学校长期董事、寺僧可兼事务等为条件换取寺院内外庙产建设陆谟克学院，同时请蔡元培、顾孟余为证人，自己以陆谟克学院筹备员的身份签署了协约。

协约签订之后，中法大学投入资金修葺碧云寺殿堂，并按协约在寺内外添盖多处学院使用的新房舍。

1923年，中法大学的陆谟克学院成立，1925年，更名为陆谟克学院乙部。设有医院、农场等。1926年至1927年度，学院的首批学员毕业。1937年抗日战争全面爆发后，学院停办，继而撤出寺院。

中法大学之西山中学 1925年，中法大学在东皇城根建成新校舍，碧云寺中法大学迁出。利用空闲下来的校舍办起中法大学附属西山中学。

中法大学西山中学师生在寺内合影

西山中学的校舍使用的是碧云寺中轴线殿堂的配殿及孙中山纪念堂的配殿房屋。据原北京有色冶金设计研究总院副院长陈达回忆：1933年，他在碧云寺中法大学西山中学读一年级，大雄宝殿的左右配殿是一年级教室，分为两个班，南配房是教务处和教员宿舍，再南跨院（现禅堂院）为音乐教室；菩萨殿的左右殿宇是二、三年级学生教室；孙中山纪念堂北配殿是四年级教室，南配殿是理化实验室，北配房西侧（现孙中山纪念堂第一展室）是库房，曾经因取化学物品不慎引起火灾。当时学校的运动场就在碧云寺门外（现停车场位置），学生一律住宿（宿舍大概位置就在现香山公园27号家属院，因为陈达1996年在现场回忆时，碧云寺外已经进行了改造）。《历史上的中法大学》记载了校歌："美哉校景，宛如画工，

1938年中法大学西山中学火灾留下的遗迹

林泉清洁,山势雄;美哉学科,兼采西东,多闻多见,可发瞆与振聋。我学校在山中,我学业要登峰。学校爱我,导我成功。我爱学校,正训是从。"

西山中学师资力量雄厚,多为北京师范大学毕业生及中法大学毕业生。

1928年,西山中学送走了第一批毕业生,师生们还在碧云寺含青斋(云容水态)门前留影以示纪念。

《历史上的中法大学》记载:"1933年暑假后,西山中学停止招生,男生并入温泉中学,女生合并到温泉女子中学。"但是,1936年2月出版的《旧都新记——我一游记》中庄俞还记述"内殿四重及两旁房屋,均为中法大学西山中学用为校舍"。学校迁出时间待查。

中法大学之碧云寺小学　北京中法大学附属碧云寺小学是1921年成立的,学校有四个年级。学校中午备有午餐,所用的纸、墨、书籍也由学校发给。校址设在碧云寺大门外路南侧煤厂街28号(现香山公园25号家属院,校舍现存,只是后来翻修过)。学校占地约2700平方米,教室4间、实验室2间、图书室2间。1931年中法大学拨款建教室4间。校名为私立中法大学碧云寺小学。

碧云寺小学的生源基本是香山附近的儿童,但这一带农民穷苦,学生们时常辍学在家帮工,生源也不稳定。《历史上的中法大学》记载了1925年后学校经费来源:"学校日常经费由中法大学西山初级中学按月拨付,每月经费一百七十元,每年二千零

中法大学碧云寺小学门前

四十元……碧云寺小学教室挂孙中山总理像，学生都会背诵总理遗嘱。"1938年，学生人数明显下降，最后停办。

中法大学之农林试验场测候所 中法大学附属农林试验场测候所是1925年陆谟克学院改为甲乙两部后，作为碧云寺内的陆谟克学院乙部的附属建成的。

农林试验场测候所设在碧云寺里，使用的是碧云寺中轴线两侧厢房。

1937年后随着中法大学的附属单位逐渐撤出，农林试验场测候所也撤出寺院。

黑玉佛移交北海公园委员会

1939年6月19日，北平特别市公署第844号训令命令："将碧云寺所存名贵古物黑玉佛，即移往北海公园委员会陈列，以便参观。"7月25日，北平特别市公署令警察局西郊香山分署派巡官贾连升承担押运工作。12时，在北平特别市公署秘书处视察员胡仲钊、西郊香山分署巡官贾连升及工人的护送下，碧云寺这尊名贵古物"黑玉佛"被运到北海公园事务所，由北海公园委员会管理员景湛会同接收，"即于团城承光殿西次间内妥为安放"，并将收据交胡仲钊、贾连升持回。之后，北海公园委员会的工作人员"勘查了黑玉佛的形式尺寸"并开列清单，附在1939年7月27日报北平特别市市长"北海公园牍字第213号"呈稿内。

清单全部内容如下：

黑玉佛一尊，坐像，毗连佛座，整玉雕刻，惟旧有残缺四处：

1. 左手四指指端均残缺。
2. 左手下抚之方物上缘残缺。
3. 左足拇指及二指并连足掌心四分之一均已残缺。
4. 右足五指指端均残缺。

佛像连同佛座共计高度八公寸三公分零五，其各项尺寸如下：

1. 佛像高度：身长五公寸七公分五，连同头部共为七公寸四公分零二五，肩宽三公寸，下端宽五公寸六公分零二五。前后厚度二公寸二公分五。

2. 佛座高七公分零二五，长七公寸二公分五，宽五公寸五分。

后来因为展览需要，北海公园将这尊黑玉佛移出团城，据《北海景山公园志》记载："1993年，将黑玉佛移至大西天楠木殿内。"

碧云寺大法器击打曲目在天津传承

以击打为主的大法器是由鼓、钹、铙、铬、铛5种乐器组成，鼓为五音之首，居中央，钹左、铙右，铬、铛随在鼓后。这些乐器在"鼓"的统领下，按曲谱、词牌各司其职，表演时，鼓、铙、钹默契配合，鼓乐齐鸣，颇有"鼓打惊雷、钹翻燕飞、铙甩蝶舞、铬拍玉板、铛敲雨潺"之感。

碧云寺作为历史上著名的寺院自然少不了这些击打乐器和梵咒之音。明朝天启时文人谭元春在游览碧云寺观鱼的短暂瞬间记录下"时有高僧梵咒声"的状况。1762年,乾隆皇帝在作《碧云寺》诗中也有"逐赏造净域，梵唱霏青莲"之句。1921年，周作人在碧云寺养病期间记录了中元节寺院使用法器的情况："半夜里忽然醒过来，听见什么地方有铙钹的声音，心里想道，现在正是送鬼，那么施食也将完了罢，以后随即睡着了。"1952年，西山风景区管理所将寺僧吸纳为职工后，寺院的梵音禅唱便销声匿迹。

然而，让人欣慰的是碧云寺禅乐并没有完全消失。

据天津静海永兴禅寺佛乐会（1896年组建的民间组织）第六代会长刘泽舟介绍：现在天津传承的大法器击打曲目，就是1935年永兴禅寺觉纯大法师的爱徒昌直法师（俗名杨景春，天津杨成庄砖垛村人，在静海永兴禅寺出家）到北京寺院云游，在碧云寺学去的。当时永兴禅寺香火极旺，方圆百里无人不晓。村里的永兴禅寺佛乐会执意要学习大法器，昌直法师念及乡情，将带回去的部分曲牌传给了永兴禅寺佛乐会。

刘泽州还说："碧云寺大法器击打曲目应由三部组成，目前永兴禅寺佛乐会仅保留传承下来'洞士''战鼓板'两部，应该还有一部，尚不知缺失的那部名称，或许已经失传……"同时还表示：将继续原汁原味地把碧云寺禅乐传承给后人。

园林植物

碧云寺植物丰富,有苔藓植物、蕨类植物、种子植物等。这些乔木、灌木、藤本、蕨类、草本及地衣植物营造出寺院独有的"禅房花木深"的园林意境。

古树名木

碧云寺古树名木很多，自元代建寺起"碧云十景"诗中就有"乔松傲雪""奇桧连阶"等景。明代也有"古银杏……阴区一亩""竹树参差""槐阴夹道"等语，万历皇帝还有"苍松古柏"御题。清代仍有"篁木阴森"之说。据1990年香山公园管理处统计，碧云寺内共有一级、二级古树394株，占全寺乔木的32%。其中一级古树57株，内含侧柏7株，最大一株胸径为0.94米，在山门殿东北侧；油松6株，最大一株胸径为0.8米，在水泉院水池旁；桧柏22株，最大一株胸径为0.93米，在大雄宝殿院北房前；白皮松14株，最大一株胸径0.8米，在金刚宝座塔院内；槐树5株，最大一株胸径1.2米，在山门殿外，其他胸径均在1.05米以上；银杏3株，其中2株位于钟楼院内，胸径为1.2米。二级古树337株，内含侧柏237株、油松33株、圆柏32株、白皮松15株、槐树14株、银杏1株、七叶树2株、皂荚2株、桑1株。这些古老的树木不仅见证寺院的悠久，也是碧云寺的活文物。

瘿柳 是寺院的一株著名柳树，位于水泉院泉池之畔，今已不存。

明万历年间陶允嘉《西山游记》中载："甲寅（1614）……九月廿日……为碧云寺……岩下一泉汨汨……泉旁一柳，累累若负瘿，形甚丑拙，众呼为瘿柳……"明人朱长春描写了它的姿态："亭左古柳，下半本皮枯，臃肿若槲、若虬鳞、若疣、上枝细如丝，青青盖亭亭，为寺中奇。"清光绪年间，文人洪良品还记载："入门见瘿柳，甚古。"直到1917年，徐珂在《西山诸胜》中还提到寺院"亭前为三仙洞（清净心）……洞外有一瘿柳，半干作一大曲，复森森而上，姿态绝佳"。此后的文章就不见记载这株瘿柳了。

古玉兰 位于碧云寺行宫院内。《翁文恭日记》载：光绪二十四年（1898）三月二十四日到碧云寺，见"东院御座房尚整（应为北部行宫院），玉兰一株正花"。1941年，春圃在《民众报》发表文章记载："含青斋……院有白玉兰二株，为数百年物，春初花开，极为美观，惟民国二十四年（1935）患旱，冬又严寒异常，花木无人维护灌养，致将树之上枝冻枯为可惜耳。"

竹区 碧云寺竹区位于水泉院内，元代，碧云十景诗中就有"修竹欺霜"，赞美寺院之竹。明代文献《宝颜堂秘笈》载："水泉院……其院有方亭，修竹丛丛，大有潇湘雨色。"明人朱孟震《游西山诸刹记》载："池上有竹半亩，青翠可掬。"明人朱长春还描写了竹子的形态、颜色和数量："屏前竹一方区，细如楛，皮金黄，数千百，枝葱葱，鸟嗷嗷者。"清顺治十一年（1654）谈迁在《北游录》中记载了竹子的名称："中堂艺竹，俗名黄金间碧玉，大仅如指，北土固在乎少见也。"康熙时文人怀应聘《游西山记》有："篁木阴森"之语。乾隆二十九年（1764）亲题"绿竹""青莲"匾。到中华民国时期，未见文章记载寺内之竹。

九龙柏 生长在碧云寺金刚宝座塔顶部基座后侧，为侧柏，树高为 6 米多，因树干分为九杈，造型酷似九条蛟龙空中腾舞而得九龙之名。中华民国初年，孙中山至此，还曾亲手去掉压在树干上的积石。1941 年有文章记载"北面有松一株，干中直径，大已逾尺"。

这株侧柏生长点虽然很高，但长势良好，枝叶苍翠茂盛，受到香山公园管理处的重点保护，1988 年被定为一级古树。

金刚宝座塔顶的九龙柏

虬柏 是一株圆柏，生长在碧云寺水泉院内池旁山石间，因该树横亘南北，奇特苍古，状如虬龙，故有虬柏、小龙柏之称。乾隆皇帝以"松门"谓之。在《试泉悦性山房作歌》诗序中说："老桧枝下垂有石承之，俨然如门，盖数百年以上之布置也。入门为试泉悦性山房。"在《洗心亭》诗中直呼"松门"，诗曰："翠竹红花各洒然，水亭好是绝尘缘。松门更有真佳处，悦性

名扬海外的碧云寺虬柏

山房可试泉。"光绪十七年（1891）五月二十一日，义人洪良品《西山游记》载："入东苑转北，至洗心亭，亭外有桰树，交枝如虬，身盘屈而起。"1936年，李慎言《燕都名山游记》记述："徐悲鸿曾取（该树）为画材，作了一幅画，拿到巴黎卖了一万多法郎，这棵树也因之名传海外。"可惜该树早已死去，只余下苍劲蜷曲的枯干向人们诉说它当年的葱郁丰姿。

三代树　位于碧云寺水泉院内，是一株干径50厘米左右、高17米左右的银杏树，着生在一株干径1米多粗的树木残桩中。1936年，庄俞在《旧都新记》"我一游记"中载："院中有银杏一株，生于枯根间，初为槐，历数百年而枯，在根中复生一柏，又历数百年而枯，更生一银杏今已参天矣。"并赋诗"一树三生独得天，知名知事不知年，问君谁与伴晨夕，只有山腰汩汩泉"。这株银杏树被人们称为"三代树"，1988年被定为一级古树。

塔院白皮松群　碧云寺塔院内古木错列，一、二级古松柏共140株，占全寺古树名木的1/3还多。其中，一级古树22株，白皮松占12株；二级古树118株，白皮松占9株。这21株白皮松环绕在金刚宝座塔的周围，形成白皮松林，1936年，李殊在《西山游记》中记载了塔院白皮松的形状："塔后有一小山，古柏参天，姿态苍秀，白果松（白皮松）参差矗立仿似苍龙昂首向天"。1941年，春圃在《西山胜迹》中记载："登塔俯视两侧，松柏数十株，宛如虬龙之群舞。"1961年，曾对寺内的古松柏进行了胸径测量，胸径在20~30厘米的白皮松有30株。

碧云寺的三代树

主要植物

碧云寺植物以松柏类为最多。这里只介绍寺内种群最大和名贵、最具特点的植物。

白皮松 也称白骨松、三针松、蛇皮松、虎皮松。松科松属常绿乔木。高30米左右。幼树皮灰绿色，老时灰褐色，呈鳞状块片脱落后显出乳白色花斑。叶子3针一束，长5~10厘米，叶鞘早脱。球果卵球形或圆锥状卵球形，次年10月成熟。花期5月。除作庭院观赏树种外，其木材可供建筑、家具等用材；球果入药，有止咳、化痰、平喘的作用。白皮松分布以金刚宝座塔院最为集中，在大雄宝殿前、水泉院也有分布。

油松 也称赤松。松科松属常绿乔木。高25米左右。1年生枝淡褐色或淡灰黄色，无毛。冬芽红褐色，有树脂。叶2针一束，粗硬，长10~15厘米，球果卵球形熟后开裂，9~10月成熟。种子卵形或长卵形，子叶8~12枚。花期4~5月。为山区造林及庭院观赏树种。木材可供建筑、枕木、造船、家具等用材；松节、松针、松油入药，有祛湿、散寒作用；花粉有止血燥湿的功效。在碧云寺后山坡、金刚宝座塔院、水泉院均有分布，以水泉院之油松最古老。万历皇帝"苍松翠柏"便是为水泉院松柏题写。

雪松 松科雪松属常绿乔木，树冠塔形，枝平展，微下垂。

1年生小枝淡灰黄色，密生短绒毛。叶针形坚硬，长2.5~5厘米。雌雄同株，球花生于短枝顶端，雄花长卵形或椭圆状圆柱形，雌球花卵球形，球果次年成熟。种子倒卵形，连翅长2.2~3.7厘米。材质坚实，可作建筑、桥梁、造船、家具用。在碧云寺较少，大雄宝殿院内及南门外苗圃中有栽植。

青杆 也称刺儿松、魏氏云杉。松科云杉属常绿乔木。树皮灰褐色，呈不规则块片脱落，1年生成小枝淡黄色或淡黄绿色，叶锥形，长0.8~1.8厘米，径约1毫米，先端尖横切面方菱形或扁菱形，四面有气孔线，略有白粉。球果卵状圆柱形或卵球形，9~10月成熟，熟前绿色，熟后淡黄色。种鳞倒卵形，长1.4~1.7厘米，种子倒卵圆形，连翅长1.2~1.5厘米。花期4~5月。寺院内此树较少，仅绿地中及寺外苗圃中有生长。

圆柏 也称桧柏。柏科圆柏属常绿乔木。树皮深灰色或赤褐色。树冠尖塔形；老树大枝平展，树冠宽卵球形。刺叶生于幼树上，老树全为鳞叶，壮龄树二者兼有，刺叶常3枚轮生或交互对生，窄披针形，鳞叶菱卵形，交互对生，排列紧密。雌雄异株，果近球形，含种子1~4粒，次年成熟。花期4月。除作观赏树外，木材可供建筑、家具、工艺品等用材。种子可提润滑油。枝叶入药，有祛风寒、活血消肿等功效。桧柏在碧云寺广泛分布，以寺后土山上分布最多。水泉院最为集中，它们均生长在水泉院南墙上，整齐壮观,景致非常奇特。也有碧云寺"金碧露松栝之表"的描述。乾隆称之为"松门"的那株虬柏，也是圆柏。

侧柏 也称柏树、扁柏。柏科侧柏属常绿乔木。高20米左右，胸径1米。树皮浅灰色，条裂成薄片。枝条开展，小枝扁平，排列成复叶状。叶为鳞片状，长1~3毫米，交互对生。雌雄同株，球花生于枝顶。球果当年成熟，熟时开裂，卵球形。种子长卵形约4毫米。花期4~5月。木材可供建筑、家具等用材；枝叶、种子入药，有止血、祛风湿、利尿、止咳、安神等功效。寺内广泛分布，以寺后土山为多，中轴线两侧为最古。所以有"不见月光出，但见松影落"的词句描述。金刚宝座塔顶的"九龙柏"也是该树种。

槐树 豆科槐属落叶乔木。高可达25米左右。树皮暗灰色或黑褐色，呈块状裂。小枝绿色，有明显的黄褐色皮孔。小叶7~15枚，卵状长圆形或卵披针形，长3~6.5厘米，宽1.2~3厘米。圆锥花序、顶生、白色、蝶形花瓣。荚果，念珠状，长2~8厘米，径1~1.5厘米，果皮肉质不裂，10月成熟。种子1~6粒，肾形，黑褐色。花期7~8月。木材可供建筑及家具用材。槐角、花蕾及花入药，有凉血止血、清肝明目等功效。碧云寺内国槐均为古树，分布在寺院山门前、大门外、行宫院、禅堂院。

刺槐 也称洋槐。豆科刺槐属落叶乔木。高10~25米。树皮灰褐色或黑褐色，纵裂。小枝褐色或淡褐色，无毛，叶柄基部常有2托叶刺。小叶7~11枚或更多，椭圆形或卵状椭圆形，全缘。总状花序，腋生，下垂，长10~20厘米，花冠白色，有芳香，旗瓣有爪，花期4~5月。荚果，深褐色，果期7~9月。种子3~10粒，肾形，褐色、紫褐色或黑褐色，有较淡的斑纹。木质坚硬可作枕木、农具。叶可作家畜饲料。种子含油12%，可作制肥皂及油漆的原料。花可提取香精，又是较好的蜜源植物之一。碧云寺大门外、寺内土山上有该树。历史上就有"槐阴夹道,一溪横之,跨以石梁,为碧云寺"的记载。

皂荚 豆科皂荚属落叶乔木。高30米左右。树皮暗灰色。小枝灰色。枝刺粗壮分枝,柱状圆锥形。羽状复叶、丛生、6~14枚,卵形、长椭圆形至卵披针形,先端钝或急尖,基部斜圆形或宽楔形,叶缘有细锯齿。花杂性,总状花序,花瓣4,黄白色,花期5~6月。荚果,挺直,稍厚,黑棕色,有白粉霜,果期10月。木材供制车辆、家具等用。荚果煎汁可代肥皂。果瓣和种子入药,有祛痰通窍、消肿的功效。寺内共有两株,分布在禅堂院内,角果挂在树上十分醒目。

碧云寺禅堂院种植的皂荚

桑树 也称白桑、家桑。桑科桑属落叶乔木。树皮灰褐色,浅纵裂。幼枝光滑或有毛。单叶,互生,卵形或宽卵形,长6~15厘米,宽5~13厘米,叶缘有锯齿,叶柄长1.5~3厘米,雌雄花均柔荑花序,花单性,雌雄异株,花期5月。聚花果(桑葚),成熟时为黑紫色或白色,果期6月。叶可饲蚕。木材坚实、细密,可做各种农具。茎皮纤维为优良的造纸和纺织的原料。根、皮、叶、果均可入药，有利尿镇咳作用，成熟的聚花果可生食。碧云寺后侧土山上可见，历史上水泉院有一株桑树也是被文人称奇的。文献记载："其根茎为三株绞合而成，颇具奇姿。"它生长在水泉院"试泉悦性山房"东南侧的墙壁上，何时伐除不详，现有树根可观。

臭椿　苦木科臭椿属落叶乔木。高 30 米左右。树冠扁球形或伞形。树皮灰色至灰黑色，浅裂或不裂。小枝褐色至褐红色，疏生灰黄色皮孔，有短柔毛。羽状复叶，小叶 13~41 枚，披针形或卵状披针形。圆锥花序，顶生，花杂性，白色带绿，花期 6~7 月。翅果，长圆状椭圆形，熟前黄绿色或稍带红色，熟后浅褐色。种子扁平，果期 9~10 月。为速生树，耐旱，耐碱，常作庭院及行道树种。木材可制各种家具。种子油为油漆、制皂、机械润滑油原料。树皮和根皮入药，有清热利湿、收敛止痢等效。碧云寺禅堂院和寺后土山上均有该树种。

玉兰　也称木兰。木兰科木兰属落叶乔木。株高 15 米左右。小枝淡灰褐色或灰黄色，嫩枝有柔毛；冬芽密生灰绿色或灰黄色。叶倒卵形至倒卵状长圆形，全缘，上面绿色有光泽，下面淡绿色，叶脉上生柔毛。叶柄长 2~2.5 厘米。花单生于小枝顶端，先叶开放，白色或紫红色，有芳香。聚合蓇葖荚果，圆柱形，花期 4 月初，果期 5 月。花除供观赏外还可提制浸膏，花蕾供药用，花瓣可食，种子可榨油。玉兰是名贵树种，在碧云寺行宫有种植。民国时有人记载："院有白玉兰二株，为数百年物……惟民国二十四年患旱，冬又严寒异常……致将树上枝冻枯。"现碧云寺南门外苗圃中也有种植。

银杏 也称公孙树、白果树。银杏科银杏属落叶乔木。高40米左右,胸径4米左右。树皮灰色,无树脂。树冠圆锥形或宽塔形。长枝光滑有光泽;短枝幼时黄褐色,冬芽卵球形,黄褐色。叶扇形,先端2裂,叶柄长3~10厘米。雌雄异株。种子核果状,外种皮肉质。成熟时黄色,表面有白粉,具臭味;中种皮骨质,白色,内种皮模质,红褐色,花期4~5月,10月种子成熟。其木材可供建筑、家具等用材;种子可食,又可入药,有止咳平喘等作用。银杏树历来就是碧云寺的特有树种之一,分布在山门殿院内、钟鼓楼两侧、大雄宝殿、水泉院等处。历史上记载水泉院银杏树的资料较多,明人朱长春有"屏前竹一方区……竹前古银杏、荫蔽区等于竹";民国时有"三代树"的记载。而最古老的当数钟鼓楼处古银杏了,其胸径为1.2米。

七叶树 有婆罗树之称。七叶树科七叶树属乔木。高20米

碧云寺孙中山纪念堂前七叶树

左右。小枝光滑。掌状复叶,有长柄,小叶5~7,长椭圆形或长椭圆状卵形,缘有细密锯齿。圆锥花序,连总梗长45厘米,无毛,花长约1厘米,不整齐5裂,花瓣4,白色,花期5~6月。果实近球形,端圆钝,1室,3瓣裂,种皮厚。七叶树在碧云寺不多,仅有2株,分布在孙中山纪念堂院内。

梧桐 也称青桐。梧桐科梧桐属落叶乔木。株高可达15米左右。树皮光滑,灰绿色。小枝疏生柔毛。叶掌状3~5裂,基心形,裂片全缘;圆锥花序,顶生,花黄绿色。萼片长圆形,长约1厘米,花瓣状,心皮4~5开裂成叶状,花期6~7月。蓇葖果,种子球形,果期10月。梧桐树在碧云寺水泉院和大雄宝殿院各有一株。

元宝槭 槭树科槭属落叶乔木。树皮灰褐色或深褐色,纵裂。1年生小枝绿色,叶对生,掌状五裂,全缘。花黄绿色,杂性,排成伞房花序,花期4~5月。翅果,熟时淡黄色或淡褐色,常呈下垂的伞房状果序。小坚果,长1.3~1.8厘米,果翅与果近等长;双翅果,张开成锐角或钝角,果期9~10月。其生长较快,树冠大,可作行道树及公园、庭院观赏树种。种子油可作工业原料。木材供建筑用。元宝槭在碧云寺行宫和寺后土山均可见到,它是秋季碧云寺很好的观叶树种。

柿树 柿树科柿树属落叶乔木。树皮黑灰色,方块状裂;枝粗壮。叶卵状椭圆形、倒卵状椭圆形或长圆形,长6~18厘米,宽3~9厘米。雄花序由1~3朵花组成,雌花及两性花单生,花期5~6月。浆果,卵球形或扁球形,直径3~8厘米,橘黄色或黄色,果期9~10月。果实鲜食、酿酒或制柿饼;柿霜、柿蒂入药,有祛痰、镇咳、降气止血等功能。柿树在金刚宝座塔院有种植，秋季果实橙红，在绿树衬托下，极为好看。

黄栌 漆树科黄栌属灌木或小乔木。株高3~5米。树皮暗褐色。小枝紫褐色。单叶，互生，倒卵圆形、卵圆形或全缘，两面具有灰色柔毛。顶生，圆锥花序，花杂性，花瓣卵形或卵状披针形，花期4~5月。核果，肾形，长3~4毫米，果期6~7月。其木材黄色，可提取黄色染料。树皮、叶可提取栲胶。枝、叶入药，有消炎、清湿热之效。叶到秋季变红，颇为美丽。分布在碧云寺后山和南门外苗圃中，是香山著名树种，以红叶著称于世。

山桃 蔷薇科李属落叶小乔木。高可达10米左右。树皮暗紫色，光滑有光泽。嫩枝无毛。叶片卵圆状披针形，叶缘有细锯齿，花先叶放，花瓣白色或浅粉红色，花期3-4月。核果球形，直径约2厘米，有沟、具毛。果肉干燥、离核，果核小、球形，果期7月。在碧云寺绿地中有种植，春季在红墙绿树中盛开是极为美丽的。

榆叶梅 蔷薇科李属落叶灌木。稀为小乔木。株高2~5米。嫩枝无毛或微被毛。叶宽卵形，长2.5~6厘米，宽1.5~3厘米，边缘有粗重锯齿。花先叶放，花瓣粉红色，花期3~4月。核果，近球形，红色，被毛，直径1~1.5厘米。果肉薄，成熟时开裂。果核具厚硬壳，壳面有皱纹，果期5~6月。分布于寺院各殿绿地中，春季开花，非常娇美。

紫薇 也称痒痒树。千屈菜科紫薇属落叶灌木或乔木。高可达7米左右。枝条光滑，小枝幼时显着4棱。叶椭圆形或倒卵形至长圆形，顶生，圆锥花序，花瓣6，鲜红色，圆形，有皱，基部具长爪，花期7~9月。蒴果，近球形，6瓣裂，基部具宿存萼。分布于寺院绿地中，由于花期很长，有"百日红"之称，又因树皮光滑被称为"光棍树"，最有意思的是当你用手指轻触树干时，树的枝叶都会动起来，所以又有"痒痒树"之称。

早园竹 也称焦壳淡竹。禾本科刚竹属常绿乔木。高4~8米，直径3~5厘米，节间绿色，新秆被厚白粉或有时仅节下有白粉环，长5~20厘米，秆环与箨环均中度隆起；箨鞘淡红褐色、黄褐色或有时带绿色，背部无毛，有白粉；箨舌弧形，两侧不下延，淡褐色，有白色细短纤毛；箨叶平直或略，披针形至带形，较箨舌为狭。叶鞘无叶耳，叶舌中度发达，叶片宽2~3厘米。笋期4~5月。笋微甜，为较好的笋用竹种；竹材坚韧，篾性好，宜做竹器编织品和出口伞骨用，秆劲直耐晒，可做各种柄材和搭棚架。早园竹分布在寺院山门殿两侧院内和水泉院北侧。

地锦 也称爬山虎。葡萄科爬山虎属木质藤本。茎长10余米。卷须短，多分枝。枝端具吸盘，借以吸附于岩壁或墙垣上。叶具长柄，3浅裂，缘有粗锯齿。叶柄长8~20厘米，秋季叶先柄落。聚伞花序，生于锯状短枝的2叶间，较叶柄短，花5数，花期6~7月。浆果小，球形，径6~8毫米，蓝黑色，果期7~8月。其为著名的观赏叶植物。叶初绿色，晚秋变红黄色，亦为装饰墙壁及假山的良好材料。根茎可入药，能破瘀血、消肿毒。地锦种植于碧云寺大门内墙旁和寺院各殿围墙边，园地是以其茎叶遮挡围墙，形成绿墙效果。

凌霄 也称紫葳。紫葳科凌霄花属落叶木质藤本，常借气生根攀附于其他物上。奇数羽状复叶，对生，小叶7~9枚，卵形或卵状披针形，叶缘具粗锯齿；叶轴长4~13厘米。圆锥花序，花冠钟状漏斗形，外面橙黄色，里面鲜红色，雄蕊4个，花期6~8月。蒴果7~9月成熟，顶端钝，2瓣裂，种子扁平，具翅。花可入药，有通经活血、祛风功效；根、茎、叶亦可作药用，能活血散瘀，解毒消肿；花粉有毒。碧云寺有凌霄1株，种植于放生池东北角，着生于一株桧柏上。其有近百年历史，1921年《晨报》刊载的邓中夏"西山读书杂诗"中就记载了这株凌霄，文曰："那别院的几个俏皮女郎，一会来看禅院柏树杈首的凌霄花，一会……一会……，回旋往复走过我们的桌边"。

碧云寺放生池北侧种植的凌霄

诗文鉴赏

　　碧云寺是一座具有悠久历史的古寺，所以存有元、明、清、近代大批的文人墨客从不同角度通过诗词、游记等体裁记录寺院发展历程的资料，这里主要通过诗文辑录、匾额楹联给予归类，以充分展示寺院的历史风貌。

诗文辑录

卓锡泉

[元] 无名氏（作者不详）

此水从何至？涓涓昼夜流。

绕松生翠色，灌竹长清幽。

能解三旬暑，还生六月秋。

碧云天上寺，高耸拱神州。

碧云十景

僧续溥（作者暂无资料）

其一　环峰叠翠

四顾重沓碧嶂围，迢遥一径入林溪。

鸟声相间水声聒，隐隐楼台倚翠微。

其二　碧云香霭

浓阴日作掩长空，出岫无心西复东。

逐势随风轻且薄，好施霖雨润群萌。

其三　曲径通幽

扶筇犹过碧云西，石径封苔百草萋。

古道萧条行者少，利名终不到幽栖。

其四　危桥跨涧

马萧萧兮车辚辚，不见咸阳徒见尘。

可惜白头犹赴役，虎溪笑处只三人。

其五　池泉印月

月皎寒空池碧澄，池中天上两轮明。

古今日月无私照，只恐渠侬水不清。

其六　洞府藏春

谩说王乔烂斧柯，武陵台岫意如何？

碧云仿佛桃源洞，避虏秦人争不多。

其七　修竹欺霜

争妍竞秀斗群芳，一阵西风满目黄。

犹羡七贤千古下，崚崚节操尚欺霜。

其八　乔松傲雪

盆中老干势如龙，傲尽丛林无尽风。

本末浑然千古质，当时曾受大夫封。

其九　奇桧连阶

庭阶花草四时鲜，须信人间有洞天。

方寸苟能忘物累，阿谁不是散神仙。

其十　楼台潇洒

白云绽出碧楼台，疑是从天飞下来。

隔断红尘千万里，禅心不索巧安排。

碧云寺奇桧连阶景观

碧云寺

[明] 王翱

出郭避尘嚣,宁辞道路遥。

寻幽来古寺,蹑屧上层霄。

雨过竹方翠,春残花正飘。

临流歌楚调,不负碧山招。

王翱(1384—1467),盐山(今河北)人。字九皋,永乐年间进士,明代官员。

游碧云寺

[明] 陈沂

西岭多金刹,林深到碧云。

山文雕宇断,水脉石渠分。

鱼跃翻苹见,莺啼隔竹闻。

经营竟谁主?太息倚斜曛。

陈沂(1469—1538),上元(江苏南京)人,字宗鲁、鲁南,号石亭,正德年间进士。明代官员,诗人。与顾璘、王韦号称"金陵三俊",后亦与朱应登并称四大家。著有《金陵古今图考》《金陵世纪》《陈行卿集》。

西山十二首之一
碧云寺

[明] 文徵明

翠殿朱扉翔紫清,璇题金榜日晶晶。

青莲宛转开仙界,玉阙分明入化城。

双涧循除鸣佩玦,三花拂槛映幡旌。

贵人一去无消息,野老依稀识姓名。

文徵明(1470—1559),长洲(今江苏苏州)人,初名壁,以字行,更字徵仲,号衡山居士。明代画家、书法家、文学家。著有《甫田集》。

碧云寺观泉

[明] 陆深

堂辞白玉前,寺到碧峰下。

石幢插堵波,贝叶翻般若。

循除决清泉,此境极潇洒。

玎琮金佩传,宛转玉绳泻。

缅怀川上心,临流叹不舍。

曾闻貂珰雄,挥金事游冶。

高台相掩映,松篁杂梧槚。

似识舟壑安,宁知蕉鹿假?

止观等殷鉴,洗酌泛周斝。

陆深(1477—1544),上海人。初名荣,字子渊,号俨山。弘治年间进士。明代官员。兼通古今。善书法。著有《南巡日录》《科场条贯》《史通今要》《春雨堂杂抄》《俨山集》等。

碧云寺

[明] 谢榛

群山开巨刹,策杖独经过。

石洞深冰雪,岩泉古薜萝。

观空尘虑尽,垂老胜缘多。

安得身闲早,相从此涧阿。

谢榛(1495—1575),山东临清人,字茂秦,号四溟山人、脱屣山人。明代布衣诗人。著有《四溟集》《四溟诗话》。

游西山碧云寺

[明] 唐顺之

端居滞文翰,久与赏心阕。

出沐乘休豫,寻幽展欢悦。

涉间俯潺湲,攀峦面巘嵲。

邈哉神皋奥,居然灵境别。

夷峻疏深池,塞坎构崇栿。

浴室荡阳泉,冰井荫阴穴。

跻险惕暝眩,逃迥欣超轶。

密林嬉猴狖,远峰挂虹霓。

宵看朝旭升,昼见昏星列。

蓊丰光乍熏,崖悬曜先晰。

景会万象昭,迹暌百虑绝。

岩栖庶可希,从兹谢尘辙。

唐顺之(1507—1560),武进(今属江苏常州)人,字应德。嘉靖八年(1529)会试第一。明代官员、诗人。与王慎中、茅坤、归有光等被称为"唐宋派"。有《荆川先生文集》。

碧云寺

[明] 冯惟敏

石洞香云满,山门待客开。

欲从真界住,不共吏人来。

花坞分泉汲,松屏近户栽。

忘机吾意得,鱼鸟欲惊回。

冯惟敏(1511—1590),山东临朐人,字汝行,号海浮。嘉靖年间举人。与兄惟健、弟惟纳均以诗文著名。著有杂剧《梁状元不服老》,散曲集《海浮山堂词稿》《山堂辑稿》《击节余音》。

碧云寺禅房

[明] 李攀龙

佛土秋逾净,花台夜复香。
一灯醒梦幻,孤磬散清凉。
月上梵轮满,湖开天镜光。
新诗分妙偈,病客对空王。

碧云寺

[明] 李攀龙

飞塔标龙藏,长桥挂虎溪。
五王开壮丽,一梵树菩提。
净土黄金布,香台碧汉齐。
经过初地变,徙倚上方迷。
杖底龙清磬,崖间散御题。
屡疑穷绀宇,复道出丹梯。
天乐蓬莱近,祇林日月低。
水流僧舍下,云起佛堂西。
深愧雕虫技,难同怖鸽栖。

慈灯悬广劫，处处得摩尼。

李攀龙（1514—1570），山东历城（今山东济南）人，字于鳞，号沧溟。嘉靖年间进士，明代官员、文学家。与王世贞、谢榛等在京师结诗社，时称"后七子"，居为魁首。有《古今诗删》《白云楼诗集》《沧溟集》。

碧云寺泉

[明] 王世贞

苍龙戢其首，日夜漱寒玉。
助尔松风声，借之竹色绿。
时从斋厨下，泠然注空谷。
自爱穿云多，焉知出山独。
一酌聆斯言，徘徊怆心曲。

碧云寺

[明] 王世贞

峭壁琳宫转，丛篁白日移。
斫云探地脉，喷雪注天池。
祇树开十腊，昙花供六时。
伏鱼惊午衬，眼犊起春犉。
色界烟霞满，空门岁月私。
苔阴侵屃赑，鸟影散罘罳。

入观香时发，铨真听不疑。

悟来殊炯炯，无复叩摩几。

王世贞（1526—1590），太仓（今属江苏）人，字符美，号凤洲、弇州山人。嘉靖年间进士，明代官员、文学家。与李攀龙同为"后七子"首领，主盟文坛。攀龙死，名望日高，独主文坛二十年。著作甚富，有《嘉靖以来首辅传》《弇州山人四部稿》《续稿》《弇山堂别集》等。

碧云寺

[明] 姚汝循

策马随流水，寻僧到碧云。

金银开法界，紫翠隔尘氛。

山自耆阇转，泉从阿耨分。

茗杯涤几想，忘却在人群。

姚汝循（1535—1597），江宁（今江苏南京）人，字叙卿，号凤麓。嘉靖年间进士，明代官员、诗文家。有《屏居集》《浪游集》《耕余集》等。

游碧云寺

[明] 王世懋

布金闻此地，功德冠招提。

绝壑悬相抱，飞泉巧自移。

云根穿卓锡，虹影落罘罳。

灵鹫标层构，文螭护赐碑。

鸽驯多宝塔，鱼老放生池。

法雨疑晴堕，香花欲昼垂。

天应愁罔象，月似避摩尼。

酌醴杨枝润，函经贝叶披。

人天依梵净，佛日度春迟。

妙境身西竺，清心首大悲。

兴来成再宿，尘界一相遗。

王世懋（1536—1588），太仓（今属江苏）人，字敬美，号麟洲。世贞弟，嘉靖年间进士，明代官员、文学家、诗人。著有《艺圃撷余》《学圃杂疏》《闽部疏》《王奉常集》等。

游碧云寺

[明] 于慎行

灵峰环御苑，宝地敞仙筵。

蹬道湖边出，重关木杪悬。

危岩深吐月，曲洞细生烟。

壁荫肖云竹，阶流喷玉泉。

松风闻梵夜，梅雨散花天。

净土风尘绝，空山伏腊偏。

十年初地境，百万尚方钱。

响屦苔痕积，璇题鸟迹镌。

无主应证法，有漏未称缘。

浩劫何繇问，踟蹰翠障前。

于慎行（1545—1607），山东东阿人，字可远，更字无垢。隆庆年间进士。明代官员、文学家，著有《读史漫录》《穀城山馆诗文集》等。

碧云寺

［明］公鼐

西山千百寺，无若碧云奇。

水自环廊出，峰如对塔移。

楼齐平乐观，苑接定昆池。

不似人工得，当时作者谁？

公鼐（？—约1626），山东蒙阴人，字孝与，万历年间进士，明代官员。著有《问次斋集》。

碧云寺

［明］袁中道

宝磴山全琢，璇题日并悬。

金铃长护果，石臼远邮泉。

鸭脚葵分雪，渔竿竹袅烟。

市廛如火炙，古洞冷方眠。

袁中道（1570—1623），湖广公安（今属湖北）人，字小修。万历年间进士，明代文学家。与兄宗道、宏道并称"三袁"。同以"公安派"著称。有《珂雪斋集》。

碧云寺施朱鱼歌

[明] 谭元春

碧云池上金鲫生，不网不罟邀天成。

饥来未敢食蟣蠕，时有高僧梵咒声。

一生弘慈仰来客，出入池上此心迫。

如袖饼饵慰婴孩，来亦不忘投不掷。

饵上饵下浮片片，大鱼小鱼唼水面。

明知人有佛天心，忽闻人语翻不见。

池定饵消我徘徊，明朝自有给孤来。

谭元春（1586—1637），湖广竟陵（今湖北天门）人，字友夏，号鹄湾，别号蓑翁。天启年间举人，明代文学家，"竟陵派"创始人之一。著有《岳归堂合集》《鹄湾集》《谭友夏合集》。

碧云寺

[明] 范景文

山削秀芙蓉，积翠明天际。

披烟陟极巅，以云为邮递。

碧屯灵境开，人意生静慧。

岚气杂旃檀，风定袅袅细。

香积玉一泓，涧疏鸣泉逝。

照出净明心，秋澄而月霁。

霞光簇莲台，宝妆青螺髻。

金碧错琉璃，石绣花文砌。

葱茜天生成，人工加点缀。

法王依帝城，自应如此丽。

稽首叹庄严，人间真福地。

范景文（1587—1644），吴桥（今属河北）人，字梦章，号思仁。万历年间进士。明末官员。有《范文贞公文集》。

宿碧云寺

［明］倪元璐

大峰如杵细如芒，看即图画枕即床。

毛石雏花巡佛案，瘦云肥雨裹禅房。

翻经背写游山记，引衲头钞酿酒方。

曾道逢僧闲半日，到来三日为他忙。

倪元璐（1594—1644），浙江上虞人，字玉汝，号鸿宝、园客。天启年间进士，明末官员、书画家、诗人。著有《鸿宝应本》《倪文贞集》。

碧云寺

［明］吕大器

寒山幽草自萧疏，客到香台钟定初。

幕幕石苔新旧径，淙淙流水浅深渠。

锦生萍叶鱼鲜出，翠滴松林鸟各居。

白社有盟曾未去，独行深院转踟蹰。

吕大器（？—1650），四川遂宁人，字俨若，号仙自。崇祯年间进士。授行人。明末官员。

夜坐卓锡泉

[明] 徐汧

灭烛听流泉,其声默然善。

微躬昏暝内,至清一以练。

物灵随我裁,乘除在闻见。

淙淙终古心,孰者为之禅。

天地节其勤,赴壑不欲先。

夜泉非昼余,于中妄生眷。

耳亦无竭时,钟声寂深殿。

徐汧(1597—1645),长洲(今江苏苏州)人,字九一,号勿斋。崇祯年间进士。明末官员。

碧云寺看月

[明末清初] 程正揆

燕市月,

在碧云,

光欲竭。

上有龙湫之清泉,

下流月光洗山骨。

空山无响松未涛,

山月为我开天窟。

洒杯溶溶,

啸歌发发。

飒然林木凉风鸣,

云烟在胸酒在发。

程正揆(1604—1676),湖北孝感人。原名正葵,字端伯,号鞠陵,又号青溪道人。寓居江宁(今江苏南京)。崇祯年间进士,能诗文,工书画。擅画山水,所作多用秃笔。枯劲简老,设色秾湛,尤以水墨山水为佳。屡作《江山卧游图》,凡五百卷。著有《青谿遗稿》。

碧云寺

[清] 施闰章

香山东去昼冥冥,碧殿丹楹倚翠屏。

老树数围全覆屋,流泉百折故依亭。

碑传中贵祠园地,阁护先朝敕赐经。

乱后琁题渐零落,檐前依旧万峰青。

施闰章(1618—1683),安徽宣城人,字尚白,号愚山、蠖斋。顺治年间进士。博览群书,善古文辞,尤工诗,其诗古朴浑厚,与同邑高咏被目为"宣城体"。与宋琬齐名,有"南施北宋"之称。著有《学余堂文集》《距斋杂记》《蠖斋诗话》。

碧云寺

[清] 王士禛

入寺闻山雨,群峰方夕阳。

流泉自成响,林壑坐生凉。

竹覆春前雪,花寒劫外香。

汤休何处是,空望碧云长。

王士禛(1634—1711),清初诗人、学者、文学家。山东新城(今桓台)人,因避世宗讳,被改称士正,乾隆时又改称士祯,字子贞,一字贻上,号阮亭、渔洋山人。顺治年间进士。著有《带经堂集》《皇华纪闻》《渔洋诗话》《池北偶谈》《香祖笔记》《居易录》等。

碧云寺

[清] 宋荦

放眼来青嶂,斋心入碧云。

楼台当硐起,钟磬隔花闻。

初地惟流水,空山又夕曛。

寄言猿鹤侣,何日许为群?

宋荦(1634—1713),河南商丘人,字牧仲,号漫堂,又号西陂。好收藏,精赏鉴,淹通典籍,熟悉掌故。与王士禛齐名。著有《绵津山人集》《西陂类稿》等。

碧云寺二首

[清] 陈廷敬

之一

寺门临高桥，涧松交其端。

径幽室何许，欲憩行便姗。

琐细花蒙密，驳荦苔夤缘。

长槛栖闲云，曲榭萦孤烟。

稍深境转佳，灵风来清绵。

流泉隔篁竹，日斜声溅溅。

琤琮写哀玉，迸落如佩环。

山水解娱人，何事归尘寰。

之二

渿云被层阿，馀霞带前轩。

夕泉流愈驶，林际惊湍奔。

寻山欣野宿，汲水迟夜餐。

迢迢漏鼓断，漠漠烟磬昏。

烦嚣于此息，清迥凄心魂。

风定寒蛸响，月黑归鸟翻。

匡床静无寐，松窗明晓暾。

陈廷敬（1639—1712），山西泽州（今晋城）人，初名敬，字子端，号说岩。顺治年间进士。善诗、有文名。著有《三礼指要》《午亭文编》等。

碧云寺诗并序

[清] 查慎行

碧云寺后一山,皆内监葬域,中有丰碑二,通刻魏忠贤里居官爵,甚详。守僧云:忠贤自为生圹,本朝初年,忠贤门下葬其衣冠于此。恨无有力之辈掊其石也。

碧云台殿倚云端,香火幡幢属内官。
一代贤奸青史定,两朝党籍白碑残。
松杉暮雨鸦音革,羊马秋风石骨寒。
却笑山灵无藉在,犹容厕鬼瘗衣冠。

查慎行(1650—1727),浙江海宁人,字悔余,一字查田,号初白,原名嗣琏,字夏重。康熙年间举人,赐进士出身,能诗善词。有《敬业堂诗集》《补注东坡编年诗》《黔中风土记》《庐山游记》等。

驻跸碧云寺

[清] 玄烨

山寺通幽境,莺啼绿树枝。
幡虹迎玉辇,刹凤驻云旗。
翠麓三乘辟,佳辰万骑宜。
松阴辉落景,游豫近臣知。

碧云寺临泉望月

[清] 玄烨

碧云夜望月初圆,星斗辉煌照九天。

滴溜涓涓无止息,此心长使惹清泉。

碧云寺晓起

[清] 玄烨

山中晓起听蝉鸣,遥对峰岑霁色清。

洞壑有年奇树老,梦回疑是在蓬瀛。

再赋碧云晓景

[清] 玄烨

夏早日方长,南风草木香。

清凉飘御扇,荒刹得恩光。

清圣祖(1654—1722)即爱新觉罗·玄烨。清代皇帝,满族。1662—1722年在位。年号康熙。敕修《古今图书集成》《全唐诗》《佩文韵府》《康熙字典》等。

早至碧云寺

[清] 汤右曾

群山忽开豁,烟破出秋晓。

泻露晞草根,朝阳升霞表。

阴森槐径人,岩殿架缥缈。

入门泻幽泉，纡直阑槛绕。

廊深尘漠漠，钟远声杳杳。

讵知困登陟，临岩已木杪。

晚秋落桂子，败叶冷荷沼。

因虚起孤亭，碎玉响风筱。

徘徊冲襟写，萧散尘虑少。

万籁同窅然，遗迹绝飞鸟。

汤右曾（1656—1721），浙江仁和（今杭州）人，字西厓。康熙年间进士。清代官员。工诗，与朱彝尊并为浙派领袖，著有《怀清唐集》。

初至碧云寺十二韵

[清] 弘历

我爱碧云寺，香山一脉连。

回峰成左障，隔壑据层巅。

古刹尘埃暗，山僧岁月延。

望中已久矣，到此实初焉。

助景因经始，施檀亦偶然。

照园辉佛日，梵网焕诸天。

是日新秋霁，静宜驻跸便。

试参山水秀，果占画图全。

衣履如沾润，林峦益逞妍。

一泓天半澈，百道涧边悬。

有句皆清绝，无心不静蠲。

徘徊瞻圣藻，俯仰忆尧年。

碧云寺

[清] 弘历

乳窦淙淙清且渫，竹垆适可试茶槽。

品泉公论应心折，此让江南第二高。

（去岁作玉泉天下第一泉记，曾以轻重定泉之高下，惠山为第二，此泉盖让惠泉云。）

题试泉悦性山房

[清] 弘历

松门延意入，云牖纵睎遥。

洞酌临阶取，浮香就鼎浇。

峰姿濯宿雨，林翠秀春朝。

甲乙何烦品，怡情万虑消。

清高宗（1711—1799），即爱新觉罗·弘历，清代皇帝，满族。1736—1795年在位，年号乾隆。敕修《四库全书》《日下旧闻考》等。

碧云寺——魏忠贤葬衣冠处

筱珊（作者生平不详） 1916年12月

西山蜿蜒丛苍翠，驱车十里探幽邃。

梵王宫殿倚斜阳,云是前朝中贵寺。
委鬼当年城社凭,东林而外群趋承。
时来夹道呼千岁,运去空房了一绳。
独留新寺空山里,拔地丰碑夹阶阤。
干儿义子散如云,姓名犹在千人指。

(大碑皆黄立极、施凤来撰,张瑞图书)

传闻余孽为招魂,筑垄焚香表墓门。
怀宗渴葬田妃冢,那及阉奴气象尊。
矫矫吴江张御史,疏请朝端全铲毁。
椒园立仆王振碑,一样人心快莫比。
圣朝绥远靖边疆,五顶浮屠式四方。
梵字经传唐古忒,琉璃突兀树名坊。

(乾隆造五顶方塔白石刻梵字经,门外琉璃瓦造坊西人啧啧称美)

离宫相距不尺咫,楼台倒影昆湖水。
东连卧佛西灵光,宝盖香幢同鼎峙。
两朝如梦感沧桑,水色山光淡若忘。
留与游人谈古迹,一龛佛火礼空王。

重游碧云寺

蔡元培 1932年

八年小别我重来,亭院依然塔院开。
国父为留新纪念,扫除东厂劫中灰。

蔡元培（1868—1940），近代民主革命家、教育家。浙江绍兴人，字鹤卿，号孑民。清光绪年间进士。1917年任北京大学校长，教育家、政治家，著有《蔡元培选集》。

碧云寺

庄俞　1936年2月

廿年不到碧云寺，人物园林尽改观。

最是留名青史事，千秋塔院有衣冠。

庄俞（1876—1938），中国近代出版家、教育家。名亦望，字百俞，又字我一，别号梦枚楼主。江苏武进人。著有《应用联语杂编》等。

碧云寺谒陵

柳亚子　1934年

古刹巍然见碧云，衣冠灵爽妥斯坟，

三民衣钵何人继？空遗头衔国父尊。

柳亚子（1887—1958），江苏吴江黎里镇人。原名慰高，又名人权、弃疾，字安如，一字亚庐。著有《磨剑室诗集》《磨剑室词集》《磨剑室文集》，有《柳亚诗词选》行世，并辑有《苏曼殊全集》《孙朱丹烈士遗集》等。

游西山诸刹记（摘录）

[明] 朱孟震

……万历丁丑……日近暮，舆夫行不前，促之行，至碧云。石路迂回，架水而桥，蹑蹬数十级，环山内外皆流水，会于前池，池清彻，红鳞历历可数，循廊至方丈，由方丈而东，叩石龙口，泉所从出也。水泠泠有声，稍折数步，环丘亭而下，别为一池，池溢水，乃从石凳出，周回绕寺，房廊殿阁，靡所不至，又奇矣！池之上有竹半亩，青翠可掬，池右为山，壁立数仞，砌以文石，最上植古松数十株，若虬龙夭矫，时作风雨声，循池而出道右，幽洞敞明，贮花树其中，时春已半，盆梅盛开，暗香濛濛袭衣袂，玉色灿然，恍惚若罗浮故人，千里会面，又奇矣！出洞下数级，又折而西，上于公墓，墓前奇石数十，列左右，嵌空峭削，若翔若踞，非数十百人不能致。夫皇业之盛，其所由来，披荆榛，却珍怪，茅茨土阶，示天下敦素，亦何约也！今祠庙之侈，及于缁流，丹碧炜煌，游人之踵接于户外，抑又何丽也！是孰非祖功宗德致然。载观此者，可以念矣。薄夕，酌孔昭东廊，夜半闻窗外浪浪有声，仆夫以雨告。比明，孔昭起呼曰：雪矣！披衣而出，见高崖巃嵷，时隐时现，回风翩然，如会人意，少留再酌，共赋诗三章。辰刻乃行，出寺门，日始霁，群峰玉立，松桧濯濯可爱，寒气清人肌骨，始从姑射山来，胸中无复尘滓可著，遵石径而南抵香山。

朱孟震，江西人，名秉器，隆庆年间进士，明代官员。著有《河上楮谈》《汾上续谈》《浣水续谈》《游宦余谈》《朱秉器集》《玉笥诗谈》等文集。

游香山记（摘录）

[明] 王衡

丁亥春三月，余从友人自香山至人山头……明日，度两石桥，循溪转，荫于卧佛寺娑罗树之阴。复二里许，至碧云。西折听泉亭，上余公坟。余公盖先朝贵珰，彼辈世修其事，以不菲废，宋司马石椁，任汝好为之耳，独奈何沟泉斫石，动至束花碍草，为胜地作祟也。殿前石池一，而桥绾为二，中蓄五色鱼百千头。余解衣盘礴，坐而施饼饵焉。喓呷相呼，云队再卷，若为鱼丽以仰攻者……

王衡（1561—1609），太仓（今属江苏）人，字辰玉，号缑山，别署蘅芜室主人。明代南剧代表人物、书法家。万历年间进士，有《缑山集》《纪游稿》等。另著有杂剧《郁轮袍》《真傀儡》（一说陈继儒作）等。

《宛署杂记》（摘录）

[明] 沈榜

碧云庵在聚宝山，金章宗建玩景楼于此，年久废坠。元至顺年，山僧圆通修行，重建。国朝中贵屡修之。寺后山势，旋舞外张，两翼如抱，而寺枕中冈，独收其胜。基之两旁，皆深谷数仞。后山嵯峨，松柏插天，登之则平原一望，举目可见。惟前通石桥以入。嘉靖庚戌，事起仓卒，居民不及入城，多投寺中，断桥以守，虏骑竟不得入，所活千余人。寺后有卓锡泉，寺僧因之为亭。泉前有御书为沼堂。前蓄金鱼万计，大者如魵，投之饵，可诱以浮，亦奇观也，其他宫殿之巍，器用之备，旗幢之富，田土之广，比之诸寺，特为极盛，盖西山第一景云。

沈榜（1540—1597），湖广临湘（今湖南长沙市）人，明代官员，著有《宛署杂记》。

西山纪游（摘录）

［明］陶允嘉

……甲寅……九月廿日，……从山麓中行数里，槐阴夹道，一溪横之，跨以石梁，为碧云寺。壮丽虽逊万寿，而金碧鲜妍，宛一天界。岩下一泉汩汩，石渠导之，过斋厨，绕长廊，出殿两庑，左右折复汇于殿前石池，红鱼数百，浮空沟沫，今上临观，亦为欣赏。泉旁一柳，累累若负瘿，形甚丑拙，众呼为瘿柳。柳左堂三楹，宸题水天一色。前临荷沼，沼南修竹成林，疎疎潇碧，泉由竹下而出。岩下有亭，正对荷沼，人以啸云题之。晚饮是亭，就方丈宿焉，是夜，飔静宇澄，空庭月朗，浩然如昼。中夜起视，如在冰壶，余怯寒，以红被裹身，僵立月下……

陶允嘉，会稽（今浙江绍兴）人，字幼美，号兰风。明代官员。善诗文，后由其子陶崇道编辑成《陶幼美先生泽农吟》刊刻行世。

游香山碧云二寺记（摘录）

［明］沈守正

乙卯仲冬旦日，……出香山山门，舆行又四五里至碧云寺，精整胜香山。而疏旷逊之。独寺后一泉出石根，冬夏不涸，导为方池，植白莲其中。上有亭，大小二池，前修竹一林，清潇可爱。

予自渡江，久别此君，婆娑不忍去。微风徐来，簌簌如相絮语。泉绕寺中，庖湢皆资之。恨其从屋溜下过，安得好事，引为流觞，可坐可歠，亦一大胜也。殿前一池，大于香山，清亦较胜，鱼如空游。朱白相乱。欲小饮，僧俗不可耐，遂行。时日已下舂，便道过小寺七八，皆不足纪。惟延寿庵有山松四本，偃蹇奇幻。遏云拂地，殆与天目黄山争价。予趺坐静息其下久之。凡西山名刹，皆诸珰墓院，假佛慈以托不朽。此曹盗国灵，吸民髓，不知财所自来，辇金轮璧，如委诸壑，既不至锢三泉，开七曜，然奢靡极矣。小珰之倚附成气焰者，名为位下辈相葺治，故老珰葬有一二百年。攻石、攻木、攻金，岁月不绝者，宁止石椁三年已也。碧云池亭，苍松翠柏，水天一色。香山、来青轩、郁秀清雅、望都亭六榜皆今上御书。又一联云：恐坏云根嫌地窄，爱看山色放墙低。不知出睿思否？语亦有致，书似沈度学士，而骨劲过之。无帝王俗媚气。予穷日之力，不足尽西山。然洪光之圆殿、十一盘与柏，香山之来青轩，冻溪碧云之泉、之竹，延寿之松，亦不辱管城也。香山有摘星台，不及上。异日柳舒杏放，凭啸台端，良月快风。夷犹盘曲，晓起潄泉，玩碧莲之迎日。雨余观瀑，听万壑之飞淙，赏心娱灵。当更有进此者，所谓枊梨橘柚，各有其美。未可以东南而笑西北也。次日援笔为记。

  沈守正（1572—1623），字无回，钱塘人。《杭州府志》生有秀表，下笔千言立就。著有《四书丛说》《雪堂集》《浚河防倭议》等。

西山游记（摘录）

[明] 朱长春

西山之胜众矣，不能纪纪。其所过游自玉泉山始，……西七八里聚宝山碧云寺，金银宫阙，如王者之居。朱铺文阤，门堂七重，重累数十阶以高，其除广夷。有池广方，居以殿中，有梁跨池，如亘白虹。池中鱼大小头万，其色丹白青蓝，骊珠玳瑁，出没藻丝，萍叶承间，如缀金玉宝珠繁露也。梁之中，塞以朱栏，今上（神宗）移跸再幸，乐之，设帟饮梁上观鱼，遂为御道云。池之水盘折而流其下，洑地而至玉泉出焉，其上且隐且见。经殿北涧复洑殿下出，有洞，又洑落池。其源至远出者，当寺后山之高壁云。当源为泉亭，折泉为流觞，交亭左右，又前汇为池，红白荷花，茭蒲参差。又前盘柏为屏，屏前竹一方区，细如楛，皮金黄，数千百，枝葱葱，鸟嗾嗾者。竹前古银杏，荫蔽区等于竹，亭左古柳，下本半皮枯，臃肿若橛、若虬鳞、若疣，上枝细如丝，青青盖亭亭，为寺中奇。今上为留半日，御膳寺人进饮三，留御书额二，曰"苍松古柏"，曰"水天一色"。亭傍壁峭如城，高可十丈，长四五十丈，亭盖处其窪间道也。壁右石室三，临涧，石门，石窦窗，入蹋地有钟鼓铙吹之声呹呹，疑其云中。盛夏凉可以衣，僧云：冬则燠，花木之避冻者藏焉。大约西山之山以百数、寺以千数，而高壮宏丽最其方者曰香山，山相望。在其右一里，寺高过之。碧云起元、废。再兴正德间。香山起金人，正统增葺之，古道场殿楹存，香山敞焕不如碧云栋宇特盛，碧云荡荡开朗，有大人威严，香山独孤高如羽人化城陵世焉。碧云堑削面坦夷，其阳可望万里都城如带，香山独牙错门径幽耳……

朱长春（生卒年不详），字太复，浙江乌程人。明万历年间进士，明代官员。著有《朱太复文集》，有《同崔德平传甫看趵突泉泉在历城南千佛山北，自地涌出沫如喷雪》诗。

《帝京景物略》（摘录）

[明] 刘侗、于奕正合著

天巧不受人分，人工不受天分。云山一簇，惟缺略荒寒，结茆数椽，宜耳。东西佛土，有满月莲华境界，备诸庄严，比丘僧尼，优婆男女，发愿愿生，而碧云寺僧，不事往生也，住是界中矣。然西山林泉之致，到此失厥高深。寺从列槐深逶，崔巍数百石级，烂其三门。入门，回廊纳陛，围绣步玉。目营营，不舍廊，足滑滑，不支阶。降升阢六，赞绕厢六。稽首殿三，网拱丹丹，琐闼青青，四阖八牖，庑承廊巡，甍不屑雕，而椠之以金，罨画金上，日月飞光，其有晕霱。壁不屑画，而隆洼之以塑，桥孔洞阴，诸天鬼神，其有窟宅矣。殿后，端正一阁，金色四合，黛漆时施。僧秋盆桂周乎阁，炉香交桂，灯光交月，香光園满，人在月轮，钟磬吉祥，捧号缤纷。左侧有泉，屋之，纳以方池，吐以螭唇，并泉为洞，砌方大耳。洞其名，洞前而亭，对者亦亭，肃如主宾，填荷池，伐竹苑，所落成也。螭唇施泉，既给僧厨，回向殿前。方池朱鱼，红酣绿沉，饵之则争。泉去乎寺乃声，呦呦越涧而奔焉。寺二元碑：一至顺二年立，一元统三年立。白石黑章，碑里不文而石文也以存。碧云庵于元耶（律）阿利吉，寺于正德十一年，饰于天启三年，土之人亦曰于公寺云。

刘侗（1594—1637），湖广麻城（今属湖北）人。字同人，号格庵。崇祯年间进士，明代文学家。

于奕正（1597—1636），宛平县（今北京）人，字司直。明代文学家。

西山碧云寺记

[清] 朱彝尊

西山佛寺数百，多建自内官，其最宏丽者曰碧云寺，因山上下筑台殿，金碧露松栝之表，其北，内官坟墓数十，镌石为栏，穷极纤巧，翁仲羊虎夹侍，墓碑林列，其文俱宰辅所制，中立穹碑二，具书总督东厂官旗魏忠贤爵秩；游人每画灰于壁做愤詈语，寺僧辄涂去，洒扫惟谨，过者徒有叹息，而有忠贤擅政，建生祠，立碑者遍天下，固无足责，迨刑书既定，执童子问之，鲜不以党逆为耻，见其姓名，踣石破碎之，惟恐不速，地僻远无存者。而兹山近在辇毂，顾秉谦、魏广征之文，大书深刻，独得不去，则以忠贤虽败，而阉寺力护其类，至其尸已戮，其族已徙，复树碑立冢，有非法禁之所能惩者，然后知小人流祸未有祸于阉寺者也，易曰："君子以远小人，不恶而严。"夫身为宰辅，其地不为不峻，必先假之以颜色，而后小人得邀其文章，秉谦辈不足数，顾中人以上，亦为之谀墓，何与？浮屠之教，背弃父母殄绝宗祀，内官乐其相近，捐无用之金钱，显为邀福于佛，阴令其徒守冢，侍僧籍以衣食，遂甘为所愚而洒扫无废，可悯也，呜呼！士君子立朝，务明周易之义，母为小人所狎，而轻假以文章，要在严之于始，斯可矣。

朱彝尊（1629—1709），秀水（今浙江嘉兴）人。字锡鬯，号竹垞。清代文学家、学者、诗人、藏书家。著有《经义考》《日下旧闻》《曝书亭集》，编有《词综》《明诗综》等。

西山游记（摘录）

[清] 王嗣槐

今年（康熙二十一年，1682年）春……三月十七日……至碧云寺，宏敞壮丽与香山悉敌，寺后有听泉亭，泉出峭壁，流绕殿中，浚为二池。周行廊庑斋厨，水沟无不灌注，出山伏流东至玉泉山下。寺为阉人所构，又名于公祠。诸阉盛时，各营生圹极崇侈，石马神羊碑诔华表之属靡不毕具，坟前为寝室衣冠，供帐侍从巾栉如生人居，门堂栏楯斫削，珉石莹，白如玉，刻画禽鱼花鸟，极尽工巧，隧路阴深，松杉漏日，若属含宪，握爵气焰熏天，生厌繁华，死营不朽，又依附释氏庵林梵刹，倾赀不惜，冀香火之绵长，国戚祚亡大半，由此，亦足为炯鉴也……

王嗣槐（生卒年不详），清初钱塘（今浙江杭州）人，字仲昭，号桂山。诸生。文词瑰丽，尤善作赋。与毛奇龄、陈维崧、徐林鸿、吴农祥、吴任臣称为"佳山堂六子"。著有《桂山堂偶存》《啸石斋词》等。

西山游记（摘录）

[清] 洪良品

光绪辛卯（光绪十七年，1891年）五月十一日，游西山……次日……至碧云寺，寺为前明太监于经建，魏忠贤重修，甚侈丽，入门见瘿柳，甚古，柳旁殿壁有泉，自石龙口中喷出如雪，汇为暗井，流入香山静宜园池沼，寺僧导入罗汉堂，观五百尊者雕像。入东苑转北，至洗心亭，亭外有栝树，交枝如虬，身盘屈而起。岩壁有石洞，泉乳流溢，绕寺而出，即前石龙所吐者是也，亭上皆高宗御题诗句，惜栋宇就圮，无葺而新之者，又由西苑历石级数十步，凡大殿五重，左右有高宗亲书御碑，清汉文各一，力迫羲献张照刘墉辈不及题也。拟购一拓本恭藏。游毕，至试泉悦性山房茗憩，六字额亦御笔也。刘生恩泉至寺后塔，奔回，言见一蛇如盎大，蟠于塔旁，遂同辞僧而出。

洪良品（1827—1897），字叙澄，号右臣，别号龙冈山人，黄冈洪家湾（今湖北武汉新洲）人。同治年间进士，改庶吉士，清代官员。

游太行山记（摘录）

[清] 刘心源

光绪十有九年（1893）九月晦……望香山行宫缭垣……问土人碧云寺何处，则已至山门矣。寺在香山行宫北，山村对闾，零落不成市。石路莘确，怒千轮铁，入山门二重，有泉穿墙界，道流不注目。行数武，石桥架空，泉声在树，拾级进寺门，有螭头吐水，伏地穴去。泉在寺后金刚塔下，别引一支，由西垣出灌行宫，寺中有五百罗汉，楼阁丰剥。午后，以寺仆导上香山……碧云寺前有长港委瑜而东，斜阳反激，若冰结溪，又似流水清浅粼粼，问行人，云是涧道乱砾，夏间山溜磨浴，光洁晶渚，实非冰水矣。立石道回顾两山接处，峭壁中劈泉沫镡，发砰岩转雷即溪上源也。南望香山，围垣如带，石崖斗落，万仞小径如织，导者云：山水所冲也。天宝山麓居民无水往往取给。北岭石穴相距可四里，汲妇负盎偻行村儿或假驴屉檐桶……辛亥日初出碧云寺……

刘心源（1848—1915），清末民初湖北人，谱名文申，考名崧毓，字亚甫，号冰若，另号幼丹，自号夔叟，晚号龙江先生。清代官员。著有《古文审》《乐石文述》《吉金文述》等。

西山诸胜（摘录）

［清］徐珂

……西山佛寺累百，以碧云为最宏丽。故游西山者，靡不至碧云，高宗《西山碑记》谓："元耶律楚材裔名阿利吉者舍宅开山，净业始构，明正德间税监于经扩而充之，魏忠贤踵而大之，庙貌益宏"云。出山门，门前二石狮，雕镂工细。年久冒风雨，黯然作苍翠色。稍入为一桥，桥下涧深二三丈。树木杂生两侧，泉流其下，盈不及寸，而汩汩然作暴雨声，桥之左右，遍植柏树，浓阴下覆，凉爽宜人。更入，西为般若堂，为禅堂，东有小院，为屋数间，前有钟亭，左右对峙，腐旧已甚，其一尚有钟悬于梁，院前壁下有石龙首，泉水自龙口喷出，清而凉，沿壁作石槽，导之下注，声清越可听。更入，殿宇倾圮，佛像几无一完整者。院中为方池，上架石桥。正殿颇旧，殿前左右有八角华表，上镌经文，字极挺秀。更入，正中为碑亭，内置乾隆己巳年《重修碧云寺碑记》。碑亭之后，又一殿，亦腐旧。更入一院，花木清幽，银杏、桫椤、白骨松尤多，桫椤虽茂，不及卧佛寺四分之一矣。院甚宽广，右为司房，左为客堂。正殿三间，左右各有一室，左为方丈。出是院左折，别有一院，有榆叶梅一株，开时色艳，红不及桃而淡不及杏，有微香。稍入，树木蓊郁，山石嶙峭，复甃石为池，有泉自石隙喷薄入小渠，曲折达寺前。泉旁旧有亭榭，柱石犹存。亭前为王（应为"三"）仙洞，凡三穴，空无所有。洞外有一瘦柳，半干作一大曲，复森森而上，姿态绝佳。是院右折，为罗汉堂，内列五百罗汉像。正殿之后，历两石阶而上，计三十余级，有一矾石坊，云纹精妙，四方柱遍刻之。一小桥，桥下一沟，无水，此为金刚宝座塔院。古木错列，左右碑亭各一，作六角形，内勒乾隆戊辰年御制碑文，碑作汉满蒙及梵书，四种并列。又有一坊，高宗书"西方极乐世界阿弥陀佛安养道场"十四字。壁作粉红色，砖石间砌无损。历石阶三十余级，又左右折而登，凡十余级，为一方形台，以矾石为之。壁刊佛像甚多。正面有"灯在菩提"四字。凡三折而上，作洞龛，其顶有塔七座，纯以白玉石为之，中方形者最大。四隅各一次之，前面二座为圆形，稍小，方者凡十三层，顶各有帽，在塔上俯观两侧，白骨松数十株，宛如白龙之群舞空中，塔下北有土邱，为明魏忠贤藏衣冠处。相传忠贤重修碧云寺，预立生圹，写碑题衔，亭殿僭制，忠贤既诛，其徒私葬衣冠于此，康熙间御史张瑗奏除之,后余荒邱绵亘三四丈而已,惟松桧甚繁茂。

徐珂(1869—?),清末浙江杭州人,字仲可。作品有《清稗类钞》《梦乡呓语》《纯飞馆词》《闻见日抄》《天苏阁笔谈》等。

西山游记(摘录)

蒋维乔

二年(1913)六月一日,休沐之辰……约往游玉泉、碧云、卧佛三处……方十二时,骑驴赴香山。山中寺宇以碧云、卧佛为最有名。行五六里,至碧云寺。门前有狮二,雕刻之精,世鲜其匹,所谓碧云以狮名也。过石桥,历一佛殿,两旁偶像,绘塑甚工,惜皆倾圮。至大殿,旁有方丈及客室,陈设颇精,盖备游客寄宿者,殿后为金刚宝座塔,白石为基,座凡三层,上列石龛,顶建七塔,塔凡十三级,建筑雕刻极其精妙,俯视玉峰塔影,已出其下。自宝座塔而下,至方丈稍憩。寺僧复导观罗汉堂,有罗汉像五百尊,为明代古物(应为清代物),以檀香木为身,黄金为外饰,完好如新,明代阉宦如于经、魏忠贤辈,均于寺后营生圹焉。即出,复赴卧佛寺……

蒋维乔(1873—1958),武进(今江苏常州)人。字竹庄,号因是子。毕生致力教育事业。有《中国近三百年哲学史》《因是子静坐法正续篇》等。此文载于《小说月报》1916年第7卷第1号。

西山记游(摘录)

李殊(作者生平不详。文载《现代青年》1936年第5卷第1期)

……九月十八日……碧云寺在香山东北麓即孙总理衣冠冢所在地,据云建于元时……后为明朝权阉魏忠贤所有,不过忠贤尸骨,相传并未葬此。寺前一渠活水,水流淙淙有声。寺门悬有"碧云寺维持会","西山天然疗养院"两块木牌。殿凡四层:第一殿为"其量无极"的弥勒佛,像系铜质,高丈余,左右哼哈二将。寺内两厢均为北平研究院测绘组所占用。第二殿为胡展堂先生纪念室,后殿为中山堂,内悬总理遗像,傍停空棺一具,外为铜质,内系玻璃。右跨院为罗汉堂,有木质罗汉五百零八尊,分排并列,姿态百出,其共同点多为方脸大耳,憨头憨脑;带着一副与世无争、一心无虑的神气。迎门而立的一位歪嘴斜眼罗汉,一手执竹筒,一手挟扫帚,病房一位工友为我们讲述这位罗汉"度化秦桧"的故事,道得津津有味。左跨院为水泉院,泉水清澈,出自石罅,山下居民多以此为饮料,泉前一大石坛,设有茶座,供游人憩息之所,最后为塔院砖阶三层,每层三十四级。……越第一层砖阶,有琉璃牌坊一座,下有三门,门横题曰民权民族民生。塔下有一纪念碑,为(中华)民国十八年(1929)总理奉安特派迎榇专员林森等立。碑前立一木牌,书有谒陵规则。我们拾阶而上,直抵陵门,门系铜质间镶玻璃,过钉处制有党徽,为孙科所制。金璧煌煜烂奇目。隔门望见"孙中山先生衣冠冢"隶书石碑一方,为胡汉民手笔,左右献置许多花圈……塔后有一小山,古柏参天,姿态苍秀,白果松参差矗立仿似苍龙昂首向天,登山顶,遥望塔顶有七小塔,居中最大,余分两列,闻建于清乾隆时,系仿西直门外五塔寺而建,下山时俯拾数片白果松皮,皮上黑白花纹,酷似虎皮宣纸……

香山碧云寺游记

正永（作者生平不详。文载《佛学月刊》1942年第2卷第3期）

余于春假，乘兴往游。初入山渐近渐高，有寺曰碧云。时当春和，游侣如云，男女杂沓，敛袖提襟，咸登禅宇，余亦踵其后。山门内两伽蓝神，身修丈六，威光赫奕，令人凛然惊心，即俗所谓哼哈二将也。再进一池，上覆石桥，水色澄清，群鱼迥然，纵游其间。更入但见殿宇殊丽，庄严像设，游者忘返。后进数殿亦极修整，其最恢廓者，为大雄宝殿，纵广九楹，内奉释迦如来，颜如慈父，又迦叶阿难，并十八尊者圣像，亦足起人敬慕。殿后耸然特立者，为珂玉聚凿之台，上有浮图，雕饰花木，并八十八尊如来圣像，周匝栏循，皆出精工。余欣然踞乎其中，如游西方极乐世界。俯视别院，复见殿宇云连，渠渠耀目，遂欣往焉。至则罗汉堂也。内塑五百尊者，形状殊异，神态灵活，皆金光璀璨，妙色庄严，瞻仰久之，忽闻水声潺湲，出于阶下。俯求不得，遂循廊行，至山下见是水瀚然，乃私喜曰：是非向所闻声乎，遂举大瓢取之，芳冽溅齿，毕饮而去。

香山碧云寺漫记

端木蕻良（1958年出版《我热爱新北京》）

邻翁走相报，隔窗呼我起。

数日不见山，今朝翠如洗。

——刘梦吉《村居杂诗》。

城市里的居民是不能常常看见山的，但是，住在首都的人便会有这种幸福,倘你路过西郊,猛然向西一望,你便会经历一种奇异的喜悦,好像地平线上突地涌现了一带蓝烟,浮在上面的绿树,也几乎是历历可数。当这个时候,你就会记起元代爱国诗人刘梦吉的《村居杂诗》来:"邻翁走相报,隔窗呼我起。数日不见山,今朝翠如洗。"你就会恍然地更明白这诗里所包含的感情,就会更爱上这首诗了,多么简单啊,偏偏能道出你心中要说的话来。刘梦吉很爱陶渊明,他有许多诗自己标出是拟陶渊明的。他急着要看山,就是这急得好。原来中国人看山,也并不都是那么"悠然"的呢!

当那西郊的居民或者是一个幸福的过客,纵目望着西山的时候,眼睛就会止不住地看在山腰一片松林上,这一片密密的松林就是驰名的森玉笏,从森玉笏爬上去便是鬼见愁,游过西山的人常常会以爬到鬼见愁上面引为骄傲的呢!原来香山的最高峰一个是鬼见愁,一个是翠驼子,鬼见愁和翠驼子之间有个山坳,山坳里有个八义沟,八义沟下面有片大松林,松林下面便是碧云寺,这一带都是风景最美的地方。

最早的香山寺,有记载可寻的,是建在1188年(实为1186),这见于孙星衍的《京畿金石志》,那上面记着,香山寺碑,李晏撰,大定二十六年(1186)立,见《天下金石志》。元碧云寺碑至顺二年(1331)立于香山寺中。又有元碧云寺碑,元统三年(1335)立在香山寺中。并且还记有碧云寺卖地幢,末云:卖与中丞阿里吉。还有元耶律氏词刻,在香山七真洞壁上。现在碧云寺里有乾隆时的御制重修碧云寺碑文和两个刻着梵文的经幢。

碑文上说元耶律楚材的后人名叫阿利吉的舍宅开山，修建庙宇，那也是根据卖地幢来说的。耶律楚材（1190—1244）曾随成吉思汗西征，到过西方很多地方。他的墓现在颐和园里，他的后人开山造寺，想是为先人祈福的。可见西山在当时已大事开发。《马可波罗游记》里面曾提到北海、琼岛，我们今天首都的西苑一带，北海和南苑一带在元代都是御用的池沼园囿。

北京在唐代是幽州范阳郡，宋代改作燕山府。元人本来自称为大朝，所以把京城叫作大都。元杨瑀著的《山居新话》说万岁山太液池是金代开发的。待到1292年元代大科学家郭守敬又引了昌平县的水源，扩大了今天的颐和园里的昆明湖。那时北京的河流池沼多是相通的。在清代由颐和园后宫门出来上船，坐船还可过青龙桥直溯玉泉山。现在青龙桥那儿还有过去泊船码头的遗迹。香山麓下从前也可能聚有河水，因为还有古河道可寻，旧河道旁边还有一口井，井边龙王庙上还有一块碑，叫作"盘河帝碑"，所以这里从前可能叫作盘河。有一次我和几个朋友从碧云寺走到颐和园，走在路上的时候，我就想，谁知道踏在我们脚下的圆石子，不就是当年郭守敬在察看河道时候所踏过的呢？而郭守敬也会想到今天北京的人民能创造出像官厅水库那样的水源吗？

今天的碧云寺主要的建筑多是明代的遗物。从现存的嘉靖九年造的钟，天启四年造的磬，还有崇祯二年造的钟，都可以看出明代历朝对碧云寺都有扩建。正殿的释迦牟尼文殊普贤大势至阿难陀塑像都是明朝塑的，表情生动，线条灵透，人物显出是中国人的脸型，最能表现当时雕塑的风格。正门西厢塑的二金刚力士像和二殿的弥勒佛都是正德时代造的。已经有四百多年了。

这里还有明代的木制香炉、签筒、烛台，一色红地金漆，都描着夔纹、回纹、串枝莲等花纹，形制古朴，一看就是明制。明代监修碧云寺的都是最有权势的内监，魏忠贤也是其中的一个。当时最优秀的工艺工人都是掌握在这批人们的手里。因此，这些制作也必然是当时最优秀工人的最好的作品。这此作品在当时也是不可多得的，何况是几百年后的今天了，所以这些东西最好都用玻璃罩子罩起来，应该严加保护才是。

从正殿出来，西边便是清代（1748年）建造的罗汉堂，里面有508尊罗汉像，一律都是木胎贴金的，个个姿态不同，是很好的艺术品，但是最具有情趣的，而且创造性地突出了18世纪中国建筑的特色的，我以为是罗汉堂的建筑。真得算上别具风格。这是元明时代的十字楼形的一个发展，朱元璋派人去拆掉的元代官殿，当时禁城的角楼就是十字形的。后来明朝建的角楼也是十字形的，因为它无论从哪个角度来看都是美的，中国的建筑最讲求从各个方面来看都是一样好看，而罗汉堂不但是继承了这个传统，而且还加以发挥。这个建筑物，不但不管从东南西北哪方面来看都是一样好看（它没有背面），而它利用容积又是最合理的，照理你应该记得，这并不算大的建筑物里面是容纳了508尊罗汉呢，这真是科学和美结合的好榜样，它把空间和形式利用得这么妥当，可算得我国建筑史上一个好标本。但是更妙的，是使走进这个建筑物的人，并不容易察觉出它是一个十字形的。假如你也真的爱上了这个建筑物，那你就会发现屋顶上装饰着的五座小白塔，这也是特异的，中央高耸的屋顶上面有一座，四个屋角上面各安一座，它们很像北海白塔的模型。这五座精制的小塔和中国的起脊斗拱的建筑物结合在一起，可能还是第一次吧，但是，它竟会表现得那么成熟，那么应该如此，仿佛只有这样才好。天方艺术的影响就是这样被我们前辈的巨匠接受下来，这正和我们在瓷器方面也创造过一种奇异的青色一样，一般人都管它叫作回青。

从正殿向后面去，便会碰到一座石牌坊，那上面雕的麒麟和北海铁影壁的浮雕是一脉相传的，后面雕着八仙过海，前面雕着八位古人，这八位古人最可注意。他雕的是：狄仁杰、文添（天）祥、赵必（抃？）、谢玄、陶远（渊）明、诸葛（亮）、李蜜（密）、（蔺）相汝（如），从这上面的别字看来，可以断定这完全都是按照石刻工匠自己传授的图谱来雕刻的，这个牌坊不仅是人物雕得如生，而整个白石牌坊都是用云纹填满，在半山腰的绿树丛中，它真的就像是由山里白云堆就的一样。从这牌楼上去，便是中印式的金刚宝座塔，修建于1748年。我爬到塔上的时候，正是游人最稀少的时候，一阵鸽铃从我的头顶上斜过，我才看到一群鸽子在蓝天上展翅飞翔。我站着的地方正是一个伟大先驱者的衣冠冢，这时，使我默默地复诵他的遗言：和平、奋斗、救中国！而今天中国不只是得救了，而且和世界上进步的力量一道成了世界和平的捍卫者！

待我走下石塔的时候，游人更少了，鸽铃早已不闻，寂寂的堂前只听松子落地有声，一棵由印度传来的婆罗树静植在院子的西边，乾隆曾有御制婆罗树歌，现在在双清别墅里面。这时，太阳西斜，山里已有些阴影了，红鱼在石桥下面浮游，水色深翠，松影在下，愈显得水潭深沉无比，其实这不过是个浅浅的水潭。夏天的时光，人们都愿意坐在它的周围，吃这里山泉煮水沏的茶。

除了这里引来的一股流泉，碧云寺山门前面还有一道流泉，山后也有一道，无冬历夏，都在奔流，这两道泉水似乎有意地给碧云寺带来更多的美丽，它们就像两串珍珠似的把碧云寺环绕起来。尤其是人们一走到山门前面，悬桥下面，便流泻出碎玉般的一股流泉。叮咚有声，要在夏天顿然使人有种清凉的感觉，禁不住会像孩子似的奔到桥头去看鸣泉下泻，要是在冬天，万物都封冻了，惟有这注活水依然喷涌不停，而且水边的水草也依然是那么娇绿，人们也还是要奔过桥栏去看的。原来中国人看山看水，也愿看得真认得切，并不是都想隔着一层的呢，据说黄子久就好到泖中通海处（泖就是海湾蓄水的地方）看激流轰浪，虽风雨骤至，水怪悲诧，他还是在看，便是很好的一例。

中国人对山对水的体会特别深特别早，古代人认为玉是山的精华，珠是水的精华，用它们代表山和水的美，后来又用珠玉来形容人。山是高的，水是深的，山和水都是生产的。宝藏是丰富的，又都不是一铲一勺所能影响的，所以中国古语说得好，仁厚的人爱山，智慧的人爱水。我看过俄罗斯山林画家石土金的彩色纪录片，我才知道为什么苏联人民称许他画的内容（只是林木风景，没有人物）是爱国主义的现实主义的，这正和一个中国人，看到黄子久、王蒙的山水画，而唤起对祖国壮丽的山河一种庄严崇慕的情感道理相同。我想，到过香山碧云寺的人，也只有会增加他对人民的首都对祖国对今天的爱，而不会是别的。

　　香山另外一个优美的去处，也已开放，现在正在修缮中，还没有完工呢，那就是从双清别墅到半山亭、红光寺，直到玉华山庄，这一带虽然没有什么古迹名刹，但是都有无限的自然美，一草一木都有意思，特别是双清，要在夏天来到这里，真会感到寒泉齐响，水木生凉。香山的泉水似乎还没有见诸记载，当地的人管这泉水叫瑶通泉（?），这泉的流量不大，而又分散为许多泉眼，所以很少有大股水泄出，比起樱桃沟的流水要小得多了。樱桃沟在碧云寺东北方，在一个山环里面，有悬崖，有清溪，有乱石，有古树，在山石坪台上面，还有个小小的花园，有草亭，有石蹬，有花有草，人要坐在这个地方看脚下流去的溪水奔腾跳跃，还向乱石丛里拍溅着水花，是谁都会感到生命的欢喜的。我从碧云寺是取道这里回来的，我以为香山碧云寺的游人们，要是从樱桃沟回来，那你便会在北方的山坳里同时又看到了江南的草色波光，当林中传来一两声练鹊的鸣声的时候，使你不能不感到，整个山谷都充满了生命的欢乐。

　　端木蕻良（1912—1996），辽宁昌图人。原名曹京平。主要著作有《大地的海》《科尔沁旗草原》《曹雪芹》，短篇小说《憎恨》等。

匾额楹联

碧云寺的匾额楹联虽然不多,但却是明清时期帝王之作,或出于近代名人之手。

碧云寺匾额

明武宗朱厚照正德九年(1514)驾至碧云寺,为于经墓祠题额"旌劳"。

明神宗朱翊钧万历十四年(1586)至碧云寺,在卓锡泉旁留有御书额"苍松古柏""水天一色",至乾隆年间诸额废。

泉前有御书"沼堂"。岩下有亭正对荷沼,人以"啸云"题之。刹后有泉从石罅出,石壁色甚古,亭曰"听水佳处",以上诸匾清乾隆年间已无考。

清代乾隆重修碧云寺后,寺内殿宇的匾额均系乾隆亲手所书,从中国第一历史档案馆"陈设清册"内查出以下数块:

天王殿外檐向东挂"圆证妙果"匾一面(青地金字乾隆宝),(已废)。

大雄宝殿外檐向东挂"能仁寂照"匾一面(黑漆金字乾隆宝),(现挂之匾为1984年香山公园管理处复制)。

菩萨殿外檐向东挂"静演三车"匾一面(黑漆金字乾隆宝),(现挂之匾为1984年香山公园管理处复制)。

方丈院殿外檐向东挂"普明妙觉"匾一面（黑漆金字乾隆宝），内檐向东挂"胜业慧因"绢匾对三件（乾隆宝），（均已废）。

禅堂照壁上挂"鹫光合印"纸匾对三件（乾隆宝），（已废）。

罗汉堂二层门上向东挂"海会应真"匾对三件（黑漆金字乾隆宝），（罗汉堂内存）。

涵碧斋外檐向东挂"涵碧斋"匾一面（粉油蓝字乾隆宝），（已废）。

含青斋隔断外方窗向东挂御笔"且娱心"纸匾一面（乾隆宝），外檐向东挂"含青斋"匾一面（粉油蓝字乾隆宝），外檐向西挂"云容水态"匾一面（木地蓝字乾隆宝），（以上诸匾已废）。

洗心亭前檐向东挂"洗心亭"匾一面（黑漆金字乾隆宝），（原额已废），1984年复建亭应名"碧照亭"（非原洗心亭址建）。

清净心洞门外向北挂"清净心"匾一面（粉油蓝字乾隆宝），（原匾已废，现匾额为1984年复制）。

试泉悦性山房明间向东贴：御笔"试泉悦性山房"纸匾一面（乾隆宝），殿外前檐向东挂"境与心远"匾一面（绿地蓝字乾隆宝），向西挂"澄华"匾一面（黑漆金字乾隆宝），（以上诸额已废）。

碧云寺内现存清乾隆御书"碧云寺"蓝油粉字匾一块，挂于山门殿前檐外。

乾隆御题"碧云寺"匾

碧云寺"西方极乐世界阿弥陀佛安养道场"匾

"西方极乐世界阿弥陀佛安养道场"镌刻于金刚宝座塔院石坊上。

"灯在菩提""现舍利光"均镌刻于金刚宝座塔上。

1929年6月,胡汉民书"孙中山先生衣冠冢"铭于金刚宝座塔龛上。

1954年,宋庆龄书"孙中山纪念堂"红地金字匾挂于总理纪念堂前檐(原普明妙觉匾)。

1989年赵朴初为罗汉堂题"罗汉堂"匾一面。

碧云寺楹联

恐坏云根嫌地窄
喜看山色放墙低。

(无存)

碧云寺天王殿联：

大肚能容，容天下难容之事；

开口便笑，笑世上可笑之人。

（无存）

碧云寺罗汉堂楹联

果证吉祥云，三千已遍；

观融功德水，五百非多。

横额"海会应真"

（今存）

碧云寺罗汉堂联匾

后 记

时光荏苒，曾经"金碧鲜妍、宛一天界""盖西山第一景"的碧云寺，曾经帝王题匾、几余瞻拜的行宫，曾经敢与天下第一泉比拼的泉水，曾经培育千百学子的校园，曾经出没碧云寺拜佛祈福、晋谒伟人的历代名流，而今都已退出舞台，但是曾经的岁月却给碧云寺留下了抹不去的记忆，留下了极富考证研究价值的素材，作为后者，我们不能眼看着曾经的历史、曾经的往事默默地消失得无影无踪，所以努力搜寻碧云寺历史文化资料，重新挖掘、探索、整合具有历史文化研究价值的素材，并给予适当、合理的评价是我们义不容辞的责任。

为编辑好这本通俗易懂的读物，力图通过碧云概览、佛教建筑、行宫御苑、纪念圣地、文化逸闻、园林植物、管理建设、诗文鉴赏等篇目和近百张图片全面展示碧云寺的历史和风采，作者在《香山公园志》第三编内容基础上，将近 20 余年搜集积累的新资料添加到相关题目下，丰实了原资料的不足。

  本书自2017年8月着手编写工作，至2017年9月止稿，历时1个月。在编写过程中，引用了中国第一历史档案馆、中国第二历史档案馆、国家图书馆、北京市档案馆的部分相关档案资料和《宛署杂记》《日下旧闻考》《总理奉安实录》《民国名人传》《中国人名大词典》等文献书目的有关史料，参考了《历史上的中法大学》《北京伽蓝记》等书中的相关内容，在此对所有给予支持帮助的单位、个人表示衷心感谢！

  由于时间紧促，作者水平有限，错误不足在所难免，敬请专家、学者、读者不吝赐教。

2017年9月